astrojildo pereira

urss itália brasil

astrojildo pereira

urss itália brasil

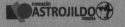

© desta edição, Boitempo e Fundação Astrojildo Pereira, 2022

Conselho editorial da coleção Astrojildo Pereira
Fernando Garcia de Faria, Ivana Jinkings, Luccas Eduardo Maldonado, Martin Cezar Feijó

Fundação Astrojildo Pereira

Conselho Curador
Presidente: Luciano Santos Rezende
Diretoria Executiva
Diretor-geral: Caetano Ernesto Pereira de Araújo
Diretor financeiro: Raimundo Benoni Franco

Fundação Astrojildo Pereira
SEPN 509, bloco D, Lojas 27/28, Edifício Isis
70750-504 Brasília DF
Tel.: (61) 3011-9300
fundacaoastrojildo.org.br
contato@fundacaoastrojildo.org.br
facebook.com/FundacaoAstrojildoFap
twitter.com/FAPAstrojildo
youtube.com/FundacaoAstrojildoPereira
instagram.com/fundacaoastrojildo

Boitempo

Direção-geral: Ivana Jinkings
Edição: Tiago Ferro
Coordenação de produção: Livia Campos
Assistência editorial: Luccas Maldonado, Fernando Garcia, Frank de Oliveira e Pedro Davoglio
Preparação de texto: Ronald Polito
Revisão: Carmen T. S. Costa
*Diagramação e
tratamento de imagens:* Mika Matsuzake
Capa: Maikon Nery
Equipe de apoio: Camila Nakazone, Elaine Ramos, Erica Imolene, Frederico Indiani, Higor Alves, Isabella Meucci, Ivam Oliveira, João Cândido Maia, Kim Doria, Lígia Colares, Luciana Capelli, Marcos Duarte, Marina Valeriano, Marissol Robles, Maurício Barbosa, Raí Alves, Thais Rimkus, Tulio Candiotto, Uva Costriuba

Jinkings Editores Associados Ltda.
Rua Pereira Leite, 373
05442-000 São Paulo SP
Tel.: (11) 3875-7250 / 3875-7285
editor@boitempoeditorial.com.br
boitempoeditorial.com.br | blogdaboitempo.com.br
facebook.com/boitempo | twitter.com/editoraboitempo
youtube.com/tvboitempo | instagram.com/boitempo

CIP-BRASIL. CATALOGAÇÃO NA PUBLICAÇÃO
SINDICATO NACIONAL DOS EDITORES DE LIVROS, RJ

P489u
2. ed.

Pereira, Astrojildo, 1890-1965
URSS Itália Brasil / Astrojildo Pereira. - 2. ed. - São Paulo : Boitempo ; Brasília [DF] : Fundação Astrojildo Pereira, 2022.

ISBN 978-65-5717-146-2

1. Comunismo - Brasil. 2. Comunismo - União Soviética. 3. Fascismo - Itália. I. Fundação Astrojildo Pereira.

22-76835   CDD: 320.53
       CDU: 329.15

Meri Gleice Rodrigues de Souza - Bibliotecária - CRB-7/6439

É vedada a reprodução de qualquer
parte deste livro sem a expressa autorização das editoras.
1ª edição: março de 2022

SUMÁRIO

Nota da edição 7
Astrojildo Pereira, um revolucionário, *por Marly de A. G. Vianna* 9
Apresentação, *por Heitor Ferreira Lima* 27

Prefácio 45

URSS

Quatro cartas de Moscou 49
    I — O V Congresso dos Sovietes 49
    II — O que é o plano econômico de cinco anos 55
    III — A agravação da luta de classe 62
    IV — "A bandeira da paz é a bandeira dos sovietes" 68
Os resultados do Primeiro Plano Quinquenal 73

ITÁLIA

O descalabro fascista 91
    I — O fascista "arrependido" Georges Valois 91
    II — Relações econômicas da Itália com o estrangeiro 95
    III — A situação do mercado e a falência dos bancos 98
    IV — A crise da indústria 100
    V — A situação financeira vista pelos fascistas 102
    VI — A aventura da estabilização 104
    VII — A administração local 105
    VIII — Os desperdícios nas administrações públicas 107
    IX — A destruição do crédito 108
    X — As dívidas externas 109
    XI — O acordo financeiro com o Vaticano 111

XII — A organização fascista no estrangeiro 112
XIII — As colônias italianas 114
XIV — A situação demográfica e o aumento da população 115
XV — Conclusões 118
Apêndice 120

BRASIL

Manifesto da contrarrevolução 129
  I — Brasilidade integral 129
  II — A realidade brasileira 131
  III — Solução brasileira para os problemas brasileiros 134
  IV — O Estado e as classes sociais 139
  V — Legiões fascistas 141
Campo de batalha 145
  I — O mundo e o Brasil 145
  II — A ditadura outubrista 147
  III — Manobras imperialistas 152
  IV — A Constituinte e a Constituição 157
  V — Para onde vamos? 162

Posfácio importante 171

Sobre o autor 175

NOTA DA EDIÇÃO

No ano do centenário de fundação do Partido Comunista Brasileiro (PCB), a Boitempo e a Fundação Astrojildo Pereira relançam um autor fundamental de nossa cultura: Astrojildo Pereira (1890-1965). Militante comunista e crítico literário, Astrojildo publicou em vida cinco livros — alguns esgotados há décadas — que voltam agora à circulação, em novas edições: *Crítica impura*; *Formação do PCB*; *Interpretações*; *Machado de Assis*; e *URSS Itália Brasil*.

A obra que o leitor tem em mãos, *URSS Itália Brasil*, teve apenas duas edições. A primeira foi lançada em 1935 pela Editorial Alba, do Rio de Janeiro. Trata-se do livro de estreia de Astrojildo, no qual reúne em sua maior parte textos originalmente publicados na imprensa entre 1929 e 1934, visando defender e divulgar as ideias comunistas no Brasil. Desconhecido e sem apelo na época, o autor teve de arcar com os custos da edição, cuja tiragem inicial foi significativamente reduzida, sendo difícil encontrá-la hoje.

Em 1985, a editora Novos Rumos, vinculada ao PCB e então coordenada por Raul Mateos Castell, planejou reeditar todas as obras de Astrojildo, tal como se faz hoje. O projeto, no entanto, pouco se estendeu, resultando apenas em uma nova edição *fac-símile* de *URSS Itália Brasil*, que preservou quase todas as características da versão original. A exceção foram dois textos introdutórios: uma nota assinada pelo historiador Martin Cezar Feijó e uma apresentação redigida por Heitor Ferreira Lima.

A presente edição removeu a nota da edição da Novos Rumos e manteve o escrito de Lima. Novos textos são agora incorporados: a historiadora e professora da Universidade Federal de São Carlos (UFSCAR)

Marly de A. G. Vianna assina o prefácio, enquanto o historiador Dainis Karepovs é responsável pelo texto de orelha. Esta edição de *URSS Itália Brasil* recupera a integridade da obra original de Astrojildo Pereira, estabelecendo o texto conforme escrito pelo autor, realizando somente a atualização gramatical e a padronização editorial necessárias.

ASTROJILDO PEREIRA, UM REVOLUCIONÁRIO

Pode-se perguntar qual a importância de reeditar, hoje, artigos escritos por Astrojildo Pereira entre 1929 e 1934, sobre uma União Soviética que deixou de existir, uma Itália onde há muito Mussolini e seus *fasci di combattimento* desapareceram e um Brasil de quase um século passado. A pergunta pode ter alguma lógica, mas a resposta é: este livro tem muita importância e absoluta atualidade. Estes artigos hoje reeditados — e que foram até agora uma raridade bibliográfica — mostram-nos o vigor e a importância do socialismo, o perigo de um fascismo que não desapareceu e os problemas de um país como o nosso, praticamente os mesmos de um século atrás.

Mostram-nos também — o que não é pouco — o caráter e a dignidade de um revolucionário. Em 1930, Astrojildo Pereira não só foi afastado da direção do Partido Comunista do Brasil (PCB) como expulso dele, justamente a pessoa que tivera papel decisivo em sua fundação. Começavam tempos sombrios para a Internacional Comunista (IC) e para o PCB. Pela primeira vez a IC voltava seu interesse para a América Latina. Até então considerara que o principal, nas Américas, seria ganhar os Estados Unidos para o socialismo e que, a partir daí, toda a América aderiria a ele. A Conferência dos Partidos Comunistas da América Latina, em junho de 1929, mudou por completo a situação. A IC exigia a "proletarização" dos quadros comunistas e sua política de frente única tornou-se sectária, considerando a social-democracia como social-fascismo.

Não existindo social-democracia no Brasil, os socialistas passaram a ser assim chamados pelos comunistas brasileiros. A busca de aliados entre a considerada "pequena burguesia revolucionária" — os tenentes, principalmente — foi encarada como reboquismo da pequena burguesia; o Bloco Operário e Camponês, criado pelo partido em 1926 e que tivera sucesso nas eleições, foi visto como um biombo do partido. Além do mais, o PCB chegara a pensar na criação de um Kuomintang[1] nacional, pois Chiang Kai-shek, até 1927, fora considerado um aliado da União Soviética, a ponto de ser condecorado por Stálin.

Astrojildo Pereira e Octávio Brandão estavam em Moscou, em 1930, e foram instados a fazer autocrítica da política que norteara o PCB até então. Octávio Brandão aceitou fazê-la — saiu da direção, mas continuou no partido. Já Astrojildo negou-se a aceitar tal exigência e foi expulso como menchevique e renegado. Foi nessa condição que escreveu a maioria dos artigos que compõem este livro, numa época em que a IC estava dominada pelo pensamento sectário e dogmático do chamado stalinismo, e por um partido comunista, o nosso, naquele momento submetido totalmente a ele. Tal situação, dramática para um revolucionário comunista, nem por um momento abalou a crença de Astrojildo Pereira em seu ideal socialista, apesar de à época da maioria dos escritos estar havia mais de dois anos afastado das fileiras do partido.

No livro[2] constam vários artigos, divididos em três partes, como indica seu título: *URSS Itália Brasil*. Nas duas primeiras partes, Astrojildo pretende, e consegue, "estabelecer a comparação, por assim dizer, concreta, entre os resultados a que chegaram os dois regimes antagônicos, o socialismo e o fascismo"[3].

A primeira parte, sobre a URSS, começa com quatro cartas escritas de Moscou em maio e junho de 1929, quando ele morava na capital soviética, para onde fora para participar do VI Congresso da IC (1928)

---

[1] O Kuomintang foi uma grande frente nacionalista na China, partido chefiado por Chiang Kai-shek, que acabou por massacrar os comunistas em Xangai, em 1927.

[2] Baseio-me em Astrojildo Pereira, "URSS Itália Brasil", em *Obras*, v. I (org. Martin Cezar Feijó, apr. Heitor Ferreira de Lima, São Paulo, Novos Rumos, 1985).

[3] Idem, prefácio do autor de outubro de 1934, s/p.

como dirigente máximo do PCB. A organização das cartas para publicação ocorreu em 1933, quando ele já havia sido expulso do partido (ao qual só voltaria em 1945). Astrojildo não mudou nenhuma palavra do que havia escrito em 1929. Os outros artigos dessa parte são de 1931 a 1933, e Astrojildo, é bom insistir, os escreveu quando era considerado um renegado nas fileiras comunistas.

Na parte sobre a URSS o autor trata principalmente da constituição do Primeiro Plano Quinquenal, na economia e na política, considerando-o "um fantástico passo na construção do socialismo". O Plano Quinquenal, de 1929, substituiu a Nova Política Econômica (NEP), implementada por Lênin em 1921, no final da guerra civil, para substituir a economia de guerra, que durara todo o tempo do conflito e que deixara o país exaurido. Astrojildo compara a planificação socialista com a economia capitalista, mostrando as vantagens daquela em comparação com a economia desorganizada do capitalismo, planificação que só foi possível em um governo de trabalhadores.

Com inúmeros dados, Astrojildo explica os significados do Plano Quinquenal, dados esses que abrangem a indústria, os transportes, a eletrificação e, especialmente, a agricultura, com a criação dos sovcoses (fazendas estatais) e dos colcoses (fazendas coletivas).

Em sua terceira carta, Astrojildo fala do acirramento da luta de classes. Apesar de tal acirramento ter se tornado mais tarde, quando Stálin dominou o poder soviético, uma arma para eliminação de opositores, na época essa questão não era um delírio stalinista, mas significava a luta política contra os elementos saudosos do antigo regime tsarista e constantes sabotagens, em diversos setores, por parte desses elementos. No campo, a luta pela coletivização da agricultura foi muito acirrada pela resistência dos que se opunham a ela.

O XVI Congresso do Partido Comunista da União Soviética (PCUS) e o V Congresso dos Sovietes de toda a Rússia mostraram a necessidade de reforçar a direção da classe operária contra os chamados culaques — embora nem sempre a direção fosse da classe operária e nem todos os que se rebelavam contra a coletivização fossem culaques. Mas isso sabemos hoje, não à época da terrível batalha que a URSS travava, isolada do mundo, para reconstruir sua economia, na tentativa heroica de manter o regime socialista.

Não menos importante, ressalta Astrojildo, foi a luta contra a burocracia, a rotina no trabalho, a indisciplina e o desleixo, buscando criar estímulos e emulações para mobilizar o controle e a iniciativa dos trabalhadores. Para isso realizavam-se inúmeras reuniões locais, em que se avaliavam os erros, se fazia a autocrítica deles e procurava-se indicar caminhos para corrigi-los. Sobre o tema, Astrojildo também desmascarou as mentiras publicadas na imprensa burguesa no Brasil.

Em sua quarta carta, o missivista destaca a importância da luta pela paz. É de notar a correta percepção política da IC, ao prever que uma nova guerra mundial se aproximava. Nessa situação, a luta pela paz ganhava uma importância vital e era tarefa de todos os partidos comunistas levá-la adiante.

A URSS foi aceita pela primeira vez na Liga das Nações[4] em 1927, e seu representante, Maxim Maximovitch Litvinov (1876-1951), apresentou um plano de desarmamento mundial, que foi rejeitado, como era de esperar. O argumento para tal rejeição foi a exigência de que, para que tal plano se concretizasse, houvesse muita cautela e que o desarmamento fosse "parcial e gradual". Dada a importância do tema, Litvinov apresentou um novo plano, "parcial e gradual" como haviam sugerido os países capitalistas, plano este que depois de mais de um ano de "apreciação" foi novamente rejeitado. Apesar da rejeição, a URSS assinou em Paris, em 1928, o Tratado de Kellog, pelo qual os países se posicionavam contra a guerra, tratado que acabou por não dar em nada.

---

[4] A Liga das Nações foi criada pelo Tratado de Versalhes, em 1919, após a Primeira Guerra Mundial. Com sede em Genebra, na Suíça, tinha como objetivo promover discussões que evitassem novos conflitos mundiais. O "curioso" é que dela não participavam nem a URSS, só aceita em 1927, nem os Estados Unidos, estes por não aceitarem o Tratado de Versalhes.

Astrojildo destaca que, prevendo o fracasso do Plano Kellog, a URSS promoveu, com êxito, a assinatura do Protocolo de Moscou, em fevereiro de 1929. Esse protocolo foi assinado pelos países vizinhos da URSS: Polônia, Estônia, Letônia, Romênia e logo depois a Turquia, Pérsia, Lituânia e a cidade livre de Danzig. Embora não tivesse maiores resultados práticos, evidenciou os esforços da URSS na luta pela paz.

Foi já numa situação de isolamento político que Astrojildo escreveu, de 1931 a 1934, os demais artigos que compõem este livro. No primeiro, de março de 1931, retomou as análises anteriores, explicando e enaltecendo o Plano Quinquenal. Astrojildo citou a opinião de inimigos da URSS sobre os êxitos do plano, como a de Lloyd George[5]: "Uma tarefa sobre-humana" e a de revistas como a *The Economist*, em Londres. Disse Astrojildo: "Ninguém mais ri nem desdenha da utopia planejada pelos 'fantasistas' da Gosplan"[6].

O segundo artigo da parte sobre a URSS foi escrito em novembro de 1933, em Rio Bonito, cidade do estado do Rio de Janeiro onde Astrojildo nasceu, viveu muitos anos e trabalhou na agricultura para sobreviver, ao mesmo tempo que escrevia artigos sobre literatura. Nesse artigo, ele detalha os resultados do Plano Quinquenal mostrando não só a mudança de opiniões internacionais sobre ele como a superação do próprio plano: um aumento da renda nacional em 6% e da produção total da indústria de 4% acima do previsto.

Sobre a agricultura, em que mais se detém, mostra que 24,1% do total da economia rural já estava coletivizado, sendo quase 50% na produção de trigo, e os sovcoses tinham 6 milhões de hectares de superfície cultivada.

Astrojildo falou da melhoria de vida da classe operária e destacou que no ano de 1929, enquanto o mundo capitalista vivia o desespero da quebra

---

[5] David Lloyd George foi primeiro-ministro da Grã-Bretanha.
[6] Astrojildo Pereira, "URSS Itália Brasil", em *Obras*, cit., p. 41. Gosplan é a abreviatura do russo *"Gossudárstveni Komitiet pô Planirovaniu"* — Comitê Estatal para o Planejamento.

da Bolsa de Nova York (outubro de 1929), a indústria na URSS crescia em 25%. Não havia desemprego e houve sensível aumento da natalidade no país.

Na URSS do ano de 1929, Astrojildo fala de seu próprio testemunho do imenso esforço dirigido pelo PCUS para realizar o Plano Quinquenal, um verdadeiro "milagre do socialismo".

A segunda parte do livro é dedicada à Itália fascista, tanto do ponto de vista econômico como político. Como revolucionário comunista, Astrojildo era visceralmente antifascista. Em seus artigos sobre a Itália, utilizou os escritos de Georges Valois (1878-1945), um chefe fascista francês, grande admirador de Mussolini. Valois foi entusiasmado à Itália, em 1926, e voltou horrorizado com o que viu: "Convidado a ir a Roma para conversar acerca das finanças italianas, pude verificar que o fascismo (e Mussolini, em particular) sustentava as ideias mais estapafúrdias sobre a organização financeira de um Estado moderno"[7]. Valois escreveu então o livro *Finances italiennes*, publicado em 1930, de onde Astrojildo tirou inúmeros dados, denunciando, do ponto de vista econômico, as diretivas e incoerências do fascismo italiano.

Benito Mussolini (1883-1945) havia pertencido ao Partido Socialista Italiano (PSI), sendo aliás diretor do jornal do partido, *Avanti!*. Foi contemporâneo de Antônio Gramsci no PSI e enquanto este, com um grupo saído do PSI, fundava o Partido Comunista Italiano (PCI), em janeiro de 1921, Mussolini caminhou para a direita. De uma posição internacionalista passou a um nacionalismo exacerbado — aliás, característica de toda extrema direita. Da esquerda revolucionária, diz Astrojildo, à direita mais reacionária, do ateísmo ao papismo e do republicanismo ao realismo.

O fascismo tentou ser uma terceira via, nem capitalismo nem socialismo, uma aventura fadada ao fracasso. A ideologia do fascismo foi se constituindo antes da Primeira Guerra Mundial, mas não cabe aqui detalhar o tema, sobre o qual há vários excelentes livros, entre os quais destaco o de

---

[7] Ibidem, p. 64.

Zeev Sternhell[8]. Embora a ideologia fascista tenha sido gestada na França, foi principalmente na Itália — e na Alemanha, ressalvadas as diferenças — que ela teve seu desenvolvimento prático. Para Sternhell, não houve uma só ideia, nas ideologias de extrema direita europeia, que não tenha sido gestada antes de 1914[9]. Na França, tiveram papel de destaque George Sorel e o sindicalismo revolucionário. Também figura de destaque foi o já citado Georges Valois, com a criação de um *fascio*[10]. George Valois, depois de renegar o fascismo, chegou a ser preso pela polícia nazista, a Gestapo.

É importante destacar o aspecto de transformação revolucionária que havia na ideologia fascista, pois foi esse aspecto que granjeou muitos adeptos, em especial sua vertente futurista. Na França e na Itália, houve a junção dos teóricos do sindicalismo revolucionário e dos nacionalistas integrais. "Marinetti[11], autor em 1909 do famoso *Manifesto Futurista*, deu completo apoio ao avangardismo cultural, a um inconformismo político"[12], inconformismo que desprezava a democracia, tanto do ponto de vista político como social. As posições ideológicas da extrema direita — aqui considerado o fascismo — combatiam, antes de mais nada, o socialismo, tentando construir, como dissemos, uma alternativa ao capitalismo que não fosse o socialismo.

Outro aspecto importante do fascismo foi a construção de um mito. Depois da Grande Guerra, e ligado ao culto à violência que esta deixou como trágica herança, o mito soreliano da greve geral foi substituído pelo

---

[8] Zeev Sternhell, Mario Sznajder e Maia Ashéri, *Naissance de l'idéologie fasciste* (Paris, Fayar, 1989). A tradução do francês é minha.

[9] Ibidem, p. 15.

[10] "Fascio", em italiano, significa feixe, um machado com pedaços de madeira, que representava o poder na Roma Antiga e como tal foi adotado pelos fascistas — daí o nome.

[11] Fillippo Tomaso Marinetti (1876-1944) esteve no Brasil em maio de 1926, quando participou de uma turnê pela América do Sul. Ver João Cezar de Castro Rocha, "O Brasil mítico de Marinetti", *Folha de S.Paulo*, 12 maio 2002.

[12] Sternhell, Sznajder e Ashéri, *Naissance de l'idéologie fasciste*, cit., p. 17. Sobre o tema ver também Modris Eksteins, *A sagração da Primavera* (trad. Rosaura Eichenberg, Rio de Janeiro, Rocco, 1991).

da guerra, vista como capaz de unir a nação garantindo seus interesses externos e internos, no cultivo de um nacionalismo exacerbado.

Dizendo-se de início marxista e internacionalista, Mussolini chegou a ser preso por um ano quando da guerra da Líbia, empreendida pela Itália em 1911. Mas começou a pôr em dúvida a capacidade revolucionária do proletariado, e também a pensar num modo de "organizá-lo" e "educá-lo" de forma diferente da proposta pelo marxismo. Isso o levou a deixar a direção do partido socialista e a dirigir o fascismo que se fortalecia na Itália. O nacionalismo abraçado por Mussolini foi o fio condutor para sua passagem ao fascismo.

Em 1º de outubro de 1914, em Milão, foi criado o Fascio Revolucionário de Ação Internacional, que no dia 5 daquele mês lançou um manifesto "Aos trabalhadores da Itália"[13]. Mais tarde, em 23 de março de 1919, já com ativa participação de Mussolini, foi criado o movimento fascista em Milão. É de notar que, entre seus sete fundadores, três vinham do socialismo: Mussolini, Ferrari e Ferradini, e dois eram sindicalistas — Michele Bianchi e Mario Giampaoli, tendo a participação de Marinetti[14]. Finalmente, o Partido Nacional Fascista foi criado num congresso, em Roma, de 8 a 11 de novembro de 1921. Não tardaria a vitória de Mussolini, menos de um ano depois, em outubro de 1922, em sua Marcha Sobre Roma.

No poder, Mussolini trata de criar um governo totalitário. O termo totalitário foi usado pela primeira vez por Giovanni Amendola, da oposição parlamentar italiana e assassinado pelos fascistas em 1926, para significar que o governo fascista queria abarcar todos os aspectos do governo. Mussolini gostou do termo, passou a usá-lo, um conceito que cada vez mais caminhou para a direita, considerando o fascismo e o socialismo como regimes igualmente "totalitários". As leis do novo Estado fascista foram elaboradas principalmente pelo jurista Alfredo Rocco. "Com as leis de 24 de dezembro de 1925 e de 31 de janeiro de 1926 foram afirmadas a supremacia

---

[13] Ibidem, p. 276.
[14] Ibidem, p. 299.

do poder executivo e a subordinação dos ministros e do parlamento à autoridade do chefe do governo, nomeado pelo rei e único responsável perante ele da orientação política do governo."[15] Evidentemente a manutenção da monarquia era uma fachada para "legalizar" o novo regime.

Até o ano de 1926, a oposição ao fascismo teve voz no Parlamento italiano, quando foram calados, cassados e perseguidos. Em 1927, Antônio Gramsci, líder dos comunistas italianos, foi encarcerado e só saiu da prisão para morrer, em 1937. Uma vingança de Mussolini, que fez de tudo para que Gramsci lhe pedisse clemência — em vão.

Astrojildo mostrou, com dados, o fracasso da economia fascista, um Estado regressista e parasitário segundo o autor. Usando os dados estatísticos de Georges Valois, apresentou-nos uma economia que se arruinava: dificuldades de mercado, falência dos bancos, crise na indústria, desperdícios na administração pública, destruição do crédito, déficit orçamentário e aumento da dívida externa. Mostra-nos também a diminuição de casamentos e da natalidade, ao mesmo tempo que aumentava a mortalidade na Itália fascista. Foi o próprio Mussolini quem disse: "Cumpre-nos, agora mesmo, tomar uma decisão e descobrir o meio de levantar a nação de seu depauperamento econômico, restabelecer as finanças, a indústria e a agricultura do país"[16].

Astrojildo revelou também os acordos com o Vaticano e a complacência do papa Pio XI com os fascistas, e impressiona, mais tarde, a foto, de 1935, quando Pio XI benzeu e abençoou as tropas que seguiam para invadir a Abissínia (hoje Etiópia).

Nosso autor lista ainda as organizações fascistas que se estendiam para fora do país, por todas as partes do mundo onde havia imigração italiana — e eram inúmeras, inclusive no Brasil, em especial em São Paulo. O Instituto Dante Alighieri, fundado em São Paulo em 1911, abrigou muitos

---

[15] Emilio Gentile, *Qu'est-ce que le fascisme? Histoire et interprétation* (trad. do italiano Pierre-Emmanuel Dauzat, Paris, Gallimard, 2002), p. 45. A tradução do francês é minha.
[16] "As muralhas econômicas do mundo", *A Razão*, n. 11, São Paulo, 17 jan. 1932. Cf. Astrojildo Pereira, "URSS Itália Brasil", em *Obras*, cit., p. 103.

fascistas. O industrial Francesco Matarazzo foi um dos maiores financiadores do Partido Fascista.

São também citadas as ambições colonialistas, expansionistas e imperialistas da Itália. Segundo ainda citações do livro de Georges Valois, a Itália possuía poucas e pequenas colônias: Tripolitânia (900 mil km² e 550 mil habitantes); Cirenaica (600 mil km² e 225 mil habitantes); Eritreia (119 mil km² e 393 mil habitantes); Somália Italiana (400 mil km² e 800 mil habitantes) e Giuba, situada ao sul da Somália (90 mil km² e 100 mil habitantes). Aliás, foi a busca por colônias que levou a Itália a se unir aos Aliados na Primeira Guerra Mundial e, decepcionada por não obtê-las, a ligar-se ao Eixo na Segunda Guerra Mundial.

Se havia posições corretas nos anos de 1920 e 1930, eram elas a da luta em defesa da União Soviética, a da luta contra o fascismo e a da luta pela paz. E nelas Astrojildo Pereira estava profundamente engajado e delas trata nestes artigos.

A última parte do livro é sobre o Brasil — sempre na perspectiva das lutas acima mencionadas. São dois artigos: um, de abril de 1931, "Manifesto da contrarrevolução", e outro, escrito entre novembro de 1933 e maio de 1934: "Campo de Batalha" — além de um "Posfácio importante".

No primeiro artigo, Astrojildo denuncia o Manifesto da Legião Revolucionária de São Paulo, publicado em março de 1931, como manifesto da contrarrevolução, não só por seu conteúdo como pela própria organização das Legiões, não apenas a de São Paulo. Com grande atualidade, Astrojildo avaliou o manifesto paulista, cuja Legião era encabeçada pelo ex-tenente João Alberto Lins e Barros, "um documento que se pode considerar característico da ideologia confusa, contraditória e delirante de certa camada de intelectuais e pequeno-burgueses. Seus autores e signatários estão convencidos de que lhes cabe a gloriosa predestinação de reger e salvar o Brasil"[17].

---

[17] Astrojildo Pereira, "URSS Itália Brasil", em *Obras*, cit., p. 109.

Típica posição dos militares. Os tenentes, em suas manifestações armadas (1922, 1924 e a Coluna Prestes, de finais de 1924 ao início de 1927), tinham uma vaga proposta política de "Representação e Justiça". Tentavam impedir a eleição e a posse de Artur Bernardes, que acreditaram ter ofendido o Exército[18], mas não apresentavam nenhum programa de governo, acabando por apoiar, nas eleições de 1930, a plataforma da Aliança Liberal. E continuaram a afirmar sempre que nem eram partido político nem almejavam o poder, como em 1935, na Aliança Nacional Libertadora[19].

João Alberto participara ativamente da Coluna Prestes-Miguel Costa e foi, como a maioria dos tenentes, ativo adepto do movimento de 1930, que acabou com a Primeira República. Ao estabelecer-se no poder, Getúlio Vargas "agradeceu" o decisivo apoio militar dos tenentes dando-lhes a grande maioria dos governos estaduais, as chamadas interventorias, e a de São Paulo coube a João Alberto. Apesar de as críticas de Astrojildo à Legião Revolucionária de São Paulo serem justas, é preciso considerar que as legiões tiveram caráter diverso, por exemplo, entre a de São Paulo e a de Minas Gerais, como veremos adiante.

A posição de João Alberto era ambígua, pois ao mesmo tempo que era interventor nomeado por Vargas para o mais importante estado do país, fora também tenente e admirador de Luiz Carlos Prestes, que nessa época já havia aderido ao socialismo. João Alberto, em São Paulo, legalizou o partido comunista, uma posição audaciosa.

Astrojildo percebeu o perigo das legiões e começou por criticar a paulista, chamando a atenção para o nacionalismo contido nela — sempre palavra de ordem da direita —, sob o título de "brasilidade". Lembrou Astrojildo que a palavra era de autoria do conde Afonso Celso, em seu

---

[18] Ver o episódio das "cartas falsas" publicadas em setembro de 1921.

[19] Grande frente democrática anti-integralista, democrática e anti-imperialista fundada pelos tenentes descontentes com os rumos tomados pela Revolução de Outubro de 1930. Foi lançada em março de 1935 e fechada pelo governo em julho do mesmo ano.

famoso livro *Porque me ufano do meu país*. Astrojildo disse que a única brasilidade verdadeira em nosso país é a dos povos originários: nem a língua é nossa.

A crítica de Astrojildo mostra-se ainda mais justa quando percebemos o dedo de Plínio Salgado[20] no manifesto da Legião, quando falou-se da "Quarta Humanidade" a ser gerada no centro do Brasil. O manifesto afirmava que seria "entre o Amazonas e o Prata que se processará a formação da 'quinta raça' que dará ao mundo o próximo tipo de civilização". Típicas ideias do futuro chefe integralista.

Criticando esse ufanismo rastaquera, Astrojildo mostrou o que era o Brasil real, o Brasil do latifúndio, do massacre dos índios, da recente escravidão, da dependência econômica do imperialismo, "presa gorda" que somos dele. Nossa realidade não era para ufanismos, era uma realidade de exploração econômica e opressão política, o que, aliás, diz o autor, era a realidade dos países pobres e dependentes. O manifesto da Legião não abordou seriamente nenhum de nossos grandes males. Sobre o reconhecido problema da terra, o manifesto propunha uma "reforma agrária" que não prejudicasse os proprietários, que não abalasse os "fundamentos jurídicos" da propriedade privada.

Quanto ao imperialismo, dizia o manifesto, este deveria ser combatido, mas combatido pacificamente. E aqui, outra vez, identificamos o dedo de Plínio Salgado. Dizia o manifesto sobre o tema: "Essa situação de desequilíbrio econômico entre os povos deve convencer-nos de que o *único caminho* da *independência, da verdadeira liberdade,* da AFIRMAÇÃO NACIONAL, está na criação de uma civilização de sentido geográfico, em contraposição à outra, de sentido geológico. Ou

---

[20] Plínio Salgado (1895-1975), jornalista e político, idealizador e fundador da Ação Integralista Brasileira (AIB), criada em outubro de 1932, fez parte da Semana de Arte Moderna, que acabou por dividir-se entre os progressistas — Mário de Andrade e Oswald de Andrade, que seguiram no grupo Antropofágico — e a direita, com Plínio Salgado e Menotti del Picchia, no grupo Verde Amarelo ou Anta. Plínio Salgado durante algum tempo flertou com a intelectualidade democrática, inclusive com os tenentes.

MELHOR: uma civilização *mais espiritual*, com uma consciência maior de *dignidade humana*"[21]. Como se vê, uma afirmação estapafúrdia: há uma situação geológica, causada pelo imperialismo e a ela devemos contrapor uma civilização geográfica, mais espiritual...

Sobre a questão do trabalho, o manifesto não é melhor. Considera que sermos um país essencialmente agrário é uma fatalidade que fez-nos viver uma vida falsa, pois a Primeira República criou em São Paulo uma questão prematura, a questão operária. No fundo, considerou que sermos um país provedor de matérias-primas agrícolas e minerais era uma fatalidade à qual deveríamos nos curvar.

O manifesto opinava também sobre o Estado e as classes sociais. Dizia que sempre imitamos o estrangeiro, seja na monarquia, seja no parlamentarismo, seja na república federativa, e que também não deveríamos copiar ideologias exóticas: nem fascismo nem comunismo. Astrojildo considerou que o manifesto acabava, dessa forma, por igualar o presidencialismo americano ao fascismo na Itália e ao comunismo na URSS. Mas o essencial era que dizia ser possível a "absoluta igualdade entre as classes". Para o revolucionário Astrojildo, "Falar em 'igualdade (e ainda por lambugem (sic), *absoluta*) das classes' é zombar do bom senso o mais rudimentar"[22].

Astrojildo chamou a atenção para o fato de que "legiões revolucionárias" estavam sendo criadas por todo o país e considerou que tais legiões tinham muito a ver com as legiões fascistas italianas. Na verdade, a legião que realmente tinha caráter mais parecido com o fascismo foi a de Minas Gerais, também conhecida como "Legião Liberal Mineira" ou "Legião de Outubro". Foi fundada em fevereiro de 1931 por Francisco Campos[23], Gustavo Capanema e Armando Lanari, este último filiado oficialmente à

---

[21] Do *Manifesto da Legião Paulista*. Citado por Astrojildo Pereira, "URSS Itália Brasil", em *Obras*, cit., p. 117. Destaques do autor.

[22] Astrojildo Pereira, "URSS Itália Brasil", em *Obras*, cit., p. 123.

[23] Também conhecido como "Chico Ciência", foi o autor das Constituições de 1937, do Estado Novo e de 1967, da Ditadura Militar.

AIB. Fazendo alusão ao uso da polícia fascista italiana de obrigar presos a tomar óleo de rícino e tentar desmoralizá-los com a diarreia que isso provocava, Astrojildo terminou o artigo dizendo que o conteúdo das legiões não passava de "óleo de rícino engarrafado com rótulo de guaraná"[24].

O último artigo do livro, "Campo de Batalha", escrito entre o final de 1933 e os primeiros meses de 1934, tratou do Brasil pós-1930. O título do artigo é devido a Astrojildo considerar o mundo um grande campo de batalha — percebendo o perigo da guerra que se aproximava, principalmente depois da subida de Hitler ao poder, no final de janeiro de 1933. Mas interessava-o mais falar dos reflexos dessa situação no Brasil.

Sua maior crítica foi ao que chamou de "ditadura outubrista", referindo-se à "Revolução" de 1930 que levou Getúlio Vargas ao poder. Apesar de expulso do PCB, Astrojildo mostra como o partido comunista tinha razão ao denunciar a campanha da Aliança Liberal, a coalizão que lançou a candidatura de Vargas. Astrojildo, lembrando a frase do governador de Minas Gerais, Antônio Carlos de Andrada — "Façamos a revolução antes que o povo a faça" —, considerou o movimento de 1930 como uma contrarrevolução preventiva, contra os trabalhadores do campo, os operários e sua vanguarda, o partido comunista.

Como o PCB, Astrojildo achava que o movimento revolucionário no país amadurecia a olhos vistos, o que hoje parece-nos duvidoso. De qualquer forma, o PCB considerou que o movimento de outubro de 1930 não passava de uma luta entre imperialismos e que os comunistas nada tinham a ver com isso. Astrojildo chegou mesmo a considerar que a chamada Revolução de 1930 não foi mais que uma imitação disfarçada do fascismo italiano. Há exagero, a meu ver, nessa apreciação, mas ele baseou-se na repressão aos operários e aos sindicatos que não aderiram a Vargas e/ou não se filiaram ao Ministério do Trabalho. Este, para o autor, foi um embuste de socialismo. O Ministério do Trabalho foi entregue a Lindolfo Collor, deputado gaúcho conservador e um dos entusiastas

---

[24] Astrojildo Pereira, "URSS Itália Brasil", em *Obras*, cit., p. 126.

da "Revolução" de 1930. O segundo titular da pasta foi Salgado Filho, que tinha experiência na 4ª Delegacia Auxiliar, futuro Departamento de Ordem Política e Social (o DOPS, de triste memória).

Astrojildo criticou também a aprovação, para a eleição à Constituinte, de uma representação classista bem aos moldes do corporativismo. Para as eleições à Assembleia Constituinte estavam aptos a votar 1 milhão de eleitores, numa população que já atingia os 40 milhões. Além do mais, o PCB estava na ilegalidade e a propaganda antigovernamental estava severamente controlada. O resultado é que não foi eleito nenhum autêntico representante operário. Para Astrojildo, o movimento de outubro de 1930 não passou de manobra da burguesia brasileira para firmar-se no poder.

Sem usar o conceito de dependência, Astrojildo Pereira considerou o país dependente economicamente do imperialismo, endividado com banqueiros de Nova York, Londres e Paris. Ao mesmo tempo, mostrou com detalhes a luta interimperialista por nova repartição do mundo, em busca de novas colônias ou de dominação econômica, o que levaria inexoravelmente a uma nova guerra. E levou. O Brasil, país rico em matérias-primas agrícolas e minerais e dependente de importações, ao mesmo tempo que tinha um grande mercado consumidor, era um alvo importante para o imperialismo.

Sem encampar as teses equivocadas do "agrarismo versus industrialismo" que estiveram vigentes nos segundo e terceiro congressos do PCB (em 1925 e 1928-1929, respectivamente), Astrojildo percebeu a dependência financeira da Inglaterra a que o Brasil estava submetido, dependência que aos poucos passava aos Estados Unidos da América — e de uma maneira que tornar-se-ia definitiva, com a entrada dos capitais norte-americanos na indústria brasileira. "Eis por que compete à Revolução Brasileira assumir uma atitude absolutamente nova em face dessa grave situação em que nos encontramos depois de cem anos de gradativa infiltração no país do capitalismo internacionalmente organizado."[25] Astrojildo continuava o revolucionário comunista que fora durante toda a sua vida.

---

[25] Ibidem, p. 140, nota 1, que vem da página anterior.

A seguir tratou da Constituinte, notando com acuidade as divergências que depois da revolta paulista de 1932 se esboçaram entre os tenentes e os oficiais superiores, por um lado, e entre os tenentes e os políticos paulistas, adeptos da Constituinte, por outro. A revolta paulista, exigindo uma Assembleia Constituinte, marcou o declínio da influência tenentista, que no Exército passou às mãos de coronéis e generais. Estes eram dirigidos pelo general Pedro Aurélio de Góis Monteiro, o mesmo que em 1937 participaria da instalação do Estado Novo e em 1945 da deposição de Vargas. Góis Monteiro havia assumido a direção dos tenentes e do Clube Três de Outubro[26] depois que Luiz Carlos Prestes abandonara o cargo, ao tornar-se comunista. Restabelecia-se a hierarquia e a disciplina no Exército.

Apesar de sua correta visão sobre a sociedade brasileira, Astrojildo não deixou de aceitar as teses do VI Congresso da IC sobre o Brasil ser um país com elementos feudais e semifeudais, deixando de lado o fato de o país já ser um país capitalista. A meu ver, outro dos raros equívocos de Astrojildo foi considerar que os "pendores fascistas" da Segunda República acentuavam-se dia a dia,[27] embora, até hoje, não esteja sozinho nessa apreciação sobre o primeiro governo Vargas.

Esse último artigo do livro terminou com a pergunta: "Para onde vamos?". Astrojildo recusou-se a profetizar, citando Radek[28]: "É muito mais fácil fazer profecias para daqui a cem anos do que para daqui a cem meses"[29]. Infelizmente para nós, Astrojildo arriscou — e errou — a profecia para cem anos depois: "Estaremos no Brasil e no resto do mundo no regime comunista". Mas acertou ao considerar que só depois de prolongada

---

[26] O Clube 3 de Outubro foi formado pelos tenentes que apoiaram o movimento de outubro de 1930, iniciado no dia 3 daquele mês — daí o nome do clube — com a finalidade de defender a revolução e a continuidade do Governo Provisório. Seu primeiro presidente foi o general Góis Monteiro.

[27] Astrojildo Pereira, cit., p. 146.

[28] Karol Berngardvich Sobelsohn (1885-1939) foi participante da Revolução Russa de 1917 e membro do Comitê Executivo da Internacional Comunista.

[29] Astrojildo Pereira, "URSS Itália Brasil", cit., p. 147.

luta "poderão as massas oprimidas libertar-se para sempre de toda opressão — econômica, política e social"[30]. E reafirmou que somente o partido comunista, partido revolucionário da classe operária, poderia guiar as massas nessa luta, pois só o PCB era um partido verdadeiramente anticapitalista. Esse era o único caminho que levaria à emancipação do proletariado, o caminho que levaria a Moscou, ao comunismo. Todos os outros levavam a Roma, quer dizer, ao fascismo. Astrojildo, no início dos anos de 1930, fazia uma afirmação feita por outros revolucionários — afirmação que certamente não conhecia — e que se torna, hoje, cada vez mais verdadeira: socialismo ou barbárie.

No final do artigo, lançou também uma consigna que seria, em 1935, adotada pela Aliança Nacional Libertadora: Pão, Terra e Liberdade!

O livro termina com um "Posfácio importante", onde o autor conta todas as vicissitudes, peripécias, idas e vindas para a publicação de seu livro, que acabou ele mesmo por bancar a edição.

> "Justifico a tiragem: edição *hors commerce*, limitada a 180 exemplares, devidamente numerados e rubricados. O grande público não tomará conhecimento do livro, nem perderá muito com isso; em compensação, eu me consolarei com a perspectiva de vir a ser algum dia o autor de uma raridade bibliográfica.
> Rio, novembro de 1935
> P."[31]

Hoje, graças à iniciativa da editora Boitempo e da Fundação Astrojildo Pereira, este importante e atual livro do grande revolucionário que foi Astrojildo Pereira tornar-se-á conhecido do grande público.

Marly de A. G. Vianna

---

[30] Idem.
[31] Idem, p. 160.

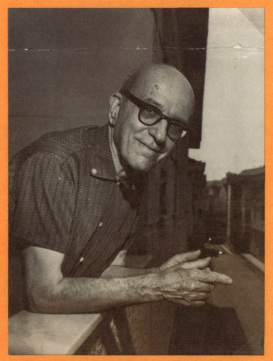

Astrojildo Pereira em sua residência no Rio de Janeiro, 1965.
Arquivo ASMOB/IAP/CEDEM.

APRESENTAÇÃO

Os estudos aqui apresentados referem-se a três países como o próprio título indica. Aborda assuntos neles ocorridos entre 1929 e 1933, ampliados no posfácio para 1935, parecendo hoje, de certa forma, meras curiosidades históricas de interesse restrito a historiadores e saudosistas. Conservam porém bastante atualidade, pois sua repercussão e desdobramentos se fazem sentir até os dias de hoje.

A primeira e única edição foi de apenas 180 exemplares, praticamente inédita e sem ter, portanto, atingido o grande público. Transformou-se, por isso, em verdadeira raridade bibliográfica, além do fato de ter sido o primeiro livro publicado por Astrojildo Pereira. Seu prefácio é de outubro de 1934 e o posfácio de novembro de 1935, quando de seu efetivo aparecimento.

Completam-se agora cinquenta anos de existência do livro e vinte da morte de seu autor, acontecida em novembro de 1965, logo após a instauração da ditadura militar que nos oprimiu durante 21 anos.

Sua edição foi cheia de vicissitudes, verdadeira *via crucis* de quatro anos em busca de editor, o que causou ao autor a impressão de envelhecimento do material e dos dados, determinando isso a limitação da edição.

Na abertura deste volume (Astrojildo costumava dizer que não escrevia livros, mas publicava volumes de seus trabalhos divulgados na imprensa) menciona-se que ele deveria começar por uma *mea culpa* em regra, com uma autocrítica dos erros que cometera na antiga direção do PCB, do qual fora um dos principais fundadores e secretário-geral até 1930, permanecendo, no entanto, em silêncio durante cinco anos, "assuntando" e esperando para fazê-lo mais tarde em época e lugar adequados.

Empaturrou-se, nesse ínterim, segundo suas próprias palavras, de literatura reacionária e fascista entre nós disseminada abundantemente após a vitória da Aliança Liberal, que levou ao poder o sr. Getúlio Vargas pelo "curto período de quinze anos", isto é, até 1945. Entretanto, como simples comentador de fatos, como publicista, achou de seu dever intervir no debate então travado, por julgar ser a única forma de servir à causa do proletariado, fazendo-o com este trabalho.

A primeira parte, a URSS, subdivide-se entre as "Quatro cartas enviadas de Moscou", de maio a julho de 1929, expondo e comentando o Primeiro Plano Quinquenal, iniciado em 1928, com dados do V Congresso dos Sovietes, que assistiu em Moscou em 1929, quando ocupava seu lugar no Comitê Executivo da Internacional Comunista, para o qual havia sido eleito no VI Congresso da mesma em 1928, com pseudônimo de Américo Ledo.

Recordo a época porque eu também me achava naquela cidade estudando na Escola Leninista Internacional. Encontrávamo-nos frequentemente, ora no Departamento da América Latina daquele órgão, onde trabalhava, ora em seu apartamento, no famoso Hotel Lux, no qual se hospedavam todos os militantes estrangeiros lá residentes, ora na própria Escola Leninista, quando nos visitava a mim e aos demais latino-americanos, meus colegas.

Seu interesse por tudo que via era intenso, como se estivesse abeberando-se de novos conhecimentos, observando tudo com particular atenção.

Lembro-me de uma visita que fizemos juntos ao museu Lênin: fazia perguntas, observava atentamente os objetos de Lênin, os livros, a iconografia e os manuscritos expostos, podendo se perceber a alegria que sentia com isso. Conversamos muito nesses encontros, sobre os problemas do Brasil e da União Soviética, contando-me ele trechos de sua vida, como aquele da sua participação na célebre conspiração de 18 de novembro de 1918, na qual anarquistas, socialistas e sindicalistas tentaram tomar o poder no Rio de Janeiro, abortando, porém, devido à denúncia de um policial nela infiltrado, o segundo-tenente do Exército, Jorge Elias Ajus, o que levou à prisão dezenas dos conspiradores, entre os quais o próprio Astrojildo, que passou mais de um ano detido.

Às "Quatro cartas enviadas de Moscou" seguem-se mais dois ensaios, "Os resultados do Primeiro Plano Quinquenal", que serviu de posfácio à brochura *O Plano Quinquenal na URSS*, de Grinko, publicado em duas edições de 1931, e um outro, datado de Rio Bonito (sua cidade natal) de 1933 complementando o anterior com dados da imprensa internacional, reconhecendo a importância e o sucesso da planificação na URSS.

O segundo estudo reporta-se ao desempenho do governo fascista na Itália, instaurado em 1922, onde faz um balanço de seu resultado desastroso em todos os âmbitos. Toma por base, para isso, o livro de George Valois, publicista, livreiro e político francês bastante conhecido, organizador do *Fascio* francês que, num primeiro momento tendo se entusiasmado com o governo de Mussolini, logo depois se desilude, apelidando-o Astrojildo, por isso, de "fascista arrependido". Valois publicou sua denúncia numa obra repleta de fatos e dados estatísticos, em 1930, denominada *Finances italiannes*, chegando à conclusão de tratar-se de uma organização definitivamente posta a serviço da plutocracia, demonstrando irrefutavelmente a falência econômica e financeira do fascismo, por se mostrar incapaz de solucionar os problemas contemporâneos, por arruinar a economia italiana, cujo remédio estava na liquidação do fascismo e na implantação de um novo sistema de Estado.

Os dados que apresenta são arrasadores, como déficits na balança comercial, diminuição dos valores enviados pelos milhões de italianos residentes no exterior, falência bancária, em consequência da retratação industrial, diminuição das patentes usadas no interior do país e no exterior, sendo desconhecida a real situação financeira e representando o orçamento verdadeiro *puzzle*. A estabilização proclamada pelo governo era absurda, feita de *bluf*, aumentando-se o número de províncias para empregar os novos burocratas fascistas, os *podestá*, antes eleitos. As *milícias fascistas*, colunas do regime, eram autênticos sorvedouros dos dinheiros públicos, compondo-se de 125 legiões e 304.815 homens. Havia a *milícia ferroviária*, a *milícia dos correios e telégrafos*, a *milícia portuária*, a *milícia florestal*, a *milícia rodoviária*, além de outros espiões regiamente pagos. A dívida externa, antes insignificante, subira para 600 milhões de dólares. O corpo diplomático era composto em sua maior parte de *squadriti*, criminosos acusados de roubo. As colônias italianas eram pobres e sem recursos. Fomentava-se o aumento da população, premiando as famílias prolíficas e impondo impostos aos solteiros. Valois concluía qualificando o fascismo de praga da Europa. Astrojildo acrescentou dados novos aos de Valois, de 1933, retirados de um trabalho de L. Gallo, sobre os déficits financeiros e reduções salariais dos operários. Utilizou, também, dados fornecidos por autores brasileiros, como Victor Viana, do *Jornal do Comércio* do Rio; João Lourenço, do *Diário de Notícias*, igualmente do Rio de Janeiro; assim como do próprio *duce*, em *A Razão* de São Paulo, em que falava da necessidade de descobrir meios para levantar a nação no desempenho econômico, em restabelecer as finanças, a indústria e a agricultura. Não poderia haver confissão mais rotunda do fracasso fascista, proclamado, inclusive, pelo próprio *duce*.

O terceiro e último estudo é dedicado ao nosso país, começando por uma análise crítica do *Manifesto da Legião Revolucionária de São Paulo*, que Astrojildo intitula de *Manifesto da Contrarrevolução*, assinado pelo general Miguel Costa e outros, e redigido por Plínio Salgado, futuro organizador e "Chefe Nacional" da Ação Integralista. O *Manifesto...* pretende traçar uma diretriz definitiva e clara dos problemas fundamentais do Brasil, mas sendo, na verdade, documento confuso, contraditório e delirante de intelectuais e pequeno-burgueses.

A palavra de ordem lançada era a da "brasilidade", que não passava de plágio da "argentinidade" da Liga Patriótica Argentina, organização antiproletária de Manuel Carlés. A "brasilidade" preconizada no manifesto era radical, intransigente, integral e de um patriotismo exaltado, grandiloquente, verborrágico e vazio, sem nexo com a nossa realidade. No melhor dos casos, mera pose intelectual, nacionalista, porque integral no Brasil só pode ser o bugre das selvas, pois tudo o que possuímos vem de fora, a começar pela língua que falamos, os costumes, os pensamentos, as ideias que expendemos. O detalhe pode ser amazonense, nordestino, mineiro ou gaúcho, mas o fenômeno básico, em seu conjunto, é sempre cosmopolita, mundial, internacional. Os problemas brasileiros são, em sua essência, problemas mundiais e suas soluções só podem ser encontradas no plano mundial. As peculiaridades nacionais e regionais são sempre secundárias, condicionadas à aplicação prática e local das soluções. O *Manifesto...*, em sua megalomania, fala que o Brasil pode dizer ao mundo uma palavra nova e terá uma missão a cumprir entre o Amazonas e o Prata, processando a formação da "quinta raça".

A realidade brasileira, no entanto, que o Manifesto não consegue esfumar, é que o Brasil, após dois séculos da colonização portuguesa, proclama sua "independência" para cairmos nas unhas aduncas do milhafre britânico, passando depois para a dependência da finança *yankee*. Aí estão as dívidas externas que nos assoberbam, sem conseguir sequer diminuí-las e presentemente sem recursos para cobrir ao menos os juros. Nossas riquezas naturais são exploradas principalmente pelos interesses alienígenas, quando não jazem no subsolo, adormecidas. Quanto ao latifúndio, propõe uma reformazinha agrária que não vá bulir na casa de marimbondo dos "fundamentos jurídicos da propriedade privada" (tal qual atualmente).

Nossos problemas, por conseguinte, são bem parecidos aos dos nossos vizinhos deste continente e também de outros.

O *Manifesto...*, no entanto, via nossa salvação numa "civilização geográfica" e, por sermos um país agrícola pela fatalidade, deveríamos deixar nossas riquezas minerais intactas a fim de nos livrarmos de uma encrenca prematura: a questão operária.

É claro que Astrojildo Pereira estigmatizou tal posição reacionária e retrógrada, opondo-lhe um programa revolucionário verdadeiro, que conduzisse ao socialismo; única maneira de libertarmos o país do atraso em que jazia e liquidar, para sempre, a miséria e a opressão que pesavam sobre as massas laboriosas. Concluía com esta frase lapidar para caracterizar o

Manifesto da Legião Revolucionária de São Paulo: "Óleo de rícino engarrafado com rótulo de guaraná".

Na segunda parte do estudo dedicado ao Brasil, escrito entre novembro de 1933 e maio de 1934, a situação brasileira é abordada dentro do contexto mundial, ou seja, dentro da maior crise até então enfrentada pelos povos, decorrência imediata do famoso *crack* da Bolsa de Nova York, de 1929, que atingia seu auge, com exacerbação inaudita das contradições interimperialistas; desemprego e fome garroteando milhões de trabalhadores de todos os países capitalistas, com fortes repercussões sobre nós, nação periférica, monocultura (o café), é completamente dependente do mercado internacional.

Foi dentro desse clima de recessão geral, sem capacidade para demover nossas tremendas dificuldades assoberbantes, que transcorrem os primeiros anos do governo ditatorial de Getúlio Vargas, desencadeando contra os trabalhadores dos campos e das cidades e suas organizações de classe a mais violenta reação até aí conhecida, enchendo os presídios e a Colônia Correcional de Dois Rios de militantes operários descontentes e contestadores. Amedrontado com a crescente insatisfação, o governo introduziu a panaceia do Ministério do Trabalho, esperando, com isso, controlar os sindicatos, submetendo-os ao seu domínio, através dos "pelegos" que criara e mais tarde, premido pelas circunstâncias, organizando uma constituição classista, corporativa, à moda fascista. O outubrismo brasileiro de 1930 recorria assim ao modelo mussoliniano como, aliás, o faziam as burguesias de outros países; com sistema truculento de mando ao sentir a terra fugir-lhe dos pés, abandonando dessa forma o liberalismo demagógico que pregara antes nas praças públicas, apresentava-se agora abertamente e sem disfarce com seu brutal domínio de classe a serviço da exploração do capitalismo nacional e estrangeiro.

Fechado o parlamento, suspensas as garantias constitucionais, sem liberdade da imprensa, as prisões em massas se efetuavam à simples "ordem do chefe de polícia", respaldadas pelos "tenentistas", agora aboletados em cargos elevados, com polpudos vencimentos. Eram os militares "revolucionários" de 1922 e 1924, transformados em pretorianos guardas da Lei.

Dentro dessa situação quase desesperadora, o único a levantar e a desfraldar heroicamente a bandeira de combate contra esse estado de coisas foi o Partido Comunista, sacrificando nessa luta implacável seus melhores e mais dedicados militantes, num estoicismo sem par, admirável e exemplar.

Astrojildo Pereira, quase desesperado, isolado, levanta a pergunta angustiante: para onde vamos? E aponta o caminho de Moscou, caminho que leva à democracia proletária, ao regime de efetiva participação das amplas massas laboriosas na vida econômica, política, social e cultural do país; "caminho da socialização dos meios de produção, da economia dirigida coletivamente segundo um plano estabelecido em benefício do povo, para a edificação do socialismo primeiro e da sociedade comunista depois. As palavras de ordem concretas, elementares, que resumem essas aspirações são: pão, terra, liberdade".

Este o fecho do livro, sectário para a época complexa que vivíamos então, pelo caráter isolacionista que encerrava, mas que constituíam, no entanto, as únicas e verdadeiras soluções para acabar o capitalismo explorador e desumano, gerador de todos os males que nos oprimem, da opressão, da miséria e das guerras que lavram por toda parte, ameaçando-nos agora, já no seu fim, com o genocídio da pavorosa guerra nuclear, capaz de destruir a própria humanidade.

Comentários complementares

A esta breve síntese que acabamos de fazer torna-se necessário acrescentar alguns esclarecimentos adicionais, a fim de tornar os assuntos abordados no livro mais compreensíveis ao leitor, colocando-o dentro do tempo e das circunstâncias em que foi elaborado. Assim faremos obedecendo à cronologia da sua exposição.

A planificação econômica, por um capricho da história, começou na Rússia Imperial, quando um tzar entusiasmado com o sucesso e a expansão do uso da eletricidade no mundo resolveu aplicá-la no país, ainda no fim do século passado. Abrindo, com esse fim, uma concorrência pública. Abertas as licitações apresentadas, saiu vencedor um engenheiro de sobrenome Kryzhanovski. Procurado, verificou-se estar ele deportado na Sibéria, onde era parceiro de Lênin no jogo de xadrez. Abafou-se o escândalo suscitado, suspendendo-se pura e simplesmente a eletrificação ambicionada. Decorridos muitos anos, já depois de vencida a guerra civil pelo governo soviético, Lênin procurou o velho companheiro instando-o a pôr em prática o velho plano antes rejeitado.

Verdadeira ou não, esta história que me foi contada ou lida, não me recordo onde, não deixa de ter muita verossimilhança pelas personalidades nela envolvidas e pelas ocorrências que se seguiram.

Com efeito, já em 5 de janeiro de 1918, foi criado o Conselho Superior de Economia Nacional, o qual, segundo Lênin, deveria encarregar a Academia de Ciências de pesquisar os recursos naturais do país, formar elementos práticos para elaborar, o mais rapidamente possível, um plano de organização da indústria e do desenvolvimento nacional. No entanto, a contrarrevolução desencadeada logo a seguir, com o ataque dos exércitos brancos, fortemente apoiados durante três anos pela intervenção de catorze Estados estrangeiros, impediu a criação e funcionamento do Conselho, pois toda a produção estava reduzida à metade do que fora antes; os meios de transporte completamente desorganizados, além de uma seca excepcional que empobrecia a população. Tudo isso levou, terminada a guerra civil, à formulação de um programa de transição, a NEP (Nova Política Econômica). Daí que somente em 1920, o IX Congresso do Partido Comunista discutisse e aprovasse um plano econômico único a ser executado, o que não foi possível dadas as condições muito difíceis existentes. Optou-se, então, pela eletrificação. Esse plano consubstanciou-se no Goelro e mais tarde, em 1921, transformou-se na Comissão de Plano de Governo, ou Gosplan, a cuja frente foi colocado o mesmo engenheiro Kryzhanovski. Lênin expressou a importância do Goelro nesta equação algébrica: "Poder Soviético + eletrificação = Socialismo".

Com a NEP a economia soviética se dividiu em dois grandes setores: o socialista, formado pelos bancos, a grande indústria, os transportes, o comércio exterior e o poder soviético; e o setor privado composto, e em sua maioria, pelas explorações camponesas, pequeno e médio comércio interno, pequenas e médias indústrias[1].

A política da NEP, que durou vários anos, frustrou muita gente, levando algumas pessoas ao pessimismo e outras até ao suicídio. Foi um recuo estratégico, mas nem todos souberam compreendê-lo. A questão, nessa fase, foi colocada por Lênin: "quem vencerá a quem?". A fim de combater o retrocesso, preconizou a aliança cada vez mais estreita com os camponeses, avançar com as massas, ensinar os comunistas a comerciar através das cooperativas e do intercâmbio de mercadorias de modo a superar o capital privado, agilizando o mercado com a indústria socialista e as cooperativas, melhorando a organização do Partido, seu trabalho educativo e a composição de seus adeptos, porque a tarefa fundamental da NEP consistia em reforçar uma aliança mantida com milhões de camponeses[2].

Foi por isso que o Primeiro Plano Quinquenal se tornou possível somente após a NEP, quando ela já apresentava seus frutos e a economia se restabelecia lentamente, embora em meio a grandes dificuldades: custos elevados dos produtos industriais, depreciação do rublo, desemprego por falta de maquinaria e matérias-primas. Em 1925, a agricultura alcançava 87% da produção da pré-guerra e a indústria 75%, tornando necessária nova mudança na política econômica de caráter ofensivo contra os elementos capitalistas que se haviam reforçado com a NEP. Nessas condições, o XIV Congresso do Partido Comunista proclamou como tarefa essencial o desenvolvimento da indústria, a fim de transformar a Rússia de país agrário em país industrial, produtor de seus próprios meios de produção:

---

[1] Jean Baby, *Principes fondamentaux d'économie politique* (Paris, Éditions Sociales, 1949), p. 215.
[2] E. Yaroslavsky, *Histoire du Parti Communiste de l'URSS* (Paris, Bureau d'Éditions, 1931), p. 351 e seg.

máquinas pesadas, automóveis, tratores, aviões e produtos químicos. Alocando para eles maiores investimentos e fazendo, com isso, baixar a parte do setor privado para 14%, no cômputo geral da economia.

O XIV Congresso do PC soviético, efetuado em 1927, aprovou o Primeiro Plano Quinquenal quando o conjunto da produção atingiu o nível de 1913, ou seja, dez anos após a revolução de 1917, lançando o *slogan* de alcançar e sobrepujar os países capitalistas[3]. Esse *slogan* foi assimilado pelas massas que o transformaram em força material. Levou a um "esforço espasmódico dos trabalhadores", segundo Bukharin, e a "uma espécie de embriaguez" — segundo um historiador francês — arrastando a população à "mística do *Pratilético*". Aumentou consideravelmente o rendimento do trabalho através da emulação socialista entre os diversos ramos industriais. Organizaram-se "brigadas de choque" para recuperar o atraso causado pela incompetência ou a desordem. O entusiasmo generalizou-se e resultou na criação de nova palavra de ordem: "O Plano Quinquenal em quatro anos", o que efetivamente se realizou. Em consequência, entre 1928 e 1932, em milhões de toneladas, a produção de petróleo passou de 116 para 211, a de carvão mineral de 354 para 643, a de ferro fundido de 31 para 33, a de aço de 42 para 59, a de cimento (em milhares de toneladas) de 1.850 para 3.481 e a de energia elétrica (em milhões de KWs) de 5.007 para 13.500. Em antigos desertos ergueram-se novas fábricas de tratores e de alumínio.

Contudo, o velho atraso, herdado do tzarismo, ainda se fazia sentir. O rendimento da mão de obra não era plenamente satisfatório. Havia falta de técnicos e de mão de obra qualificada, obrigando a recorrer-se ao estrangeiro, estimando-se esse concurso em 200 mil técnicos e especialistas, vindos particularmente da Alemanha e Estados Unidos, o que era facilitado por estarem esses países mergulhados na mais profunda crise de suas histórias. Também se enviaram técnicos soviéticos ao exterior para estágios e aperfeiçoamento (no meu regresso da União Soviética, em 1930,

---

[3] Jean Baby, *Principes fondamentaux d'économie politique*, cit., p. 320.

fui de Leningrado a Kiel (Alemanha) por navio, acompanhado de meia dúzia de engenheiros russos que se dirigiam à Inglaterra, para esse fim). O transporte não se encontrava ainda recuperado. As maiores dotações orçamentárias destinavam-se à indústria pesada, resultando daí escassez de mercadorias de consumo imediato, inclusive trigo, porque os *kulaks*, em decadência ante a expansão dos *Kolkozes* e *Sovkozes*, começavam a sabotar o abastecimento das cidades, como igualmente pude observar. Mesmo os salários industriais não acompanhavam a elevação da produção, pois todos os esforços se concentravam na expansão da indústria. O perigo de guerra estava também incluído nessas ponderações. Tais sacrifícios consentidos, no entanto, podem ser postos em questão, numa Rússia capitalista não teria igualmente custado tão caro à população esse desenvolvimento? No mundo capitalista, nessa época grassava a maior crise até então conhecida, com milhões de desempregados e famintos, enquanto no Brasil queimavam-se milhares de sacas de café, na Argentina destruíam-se toneladas de carne, levando o povo ao desânimo e à impaciência. Eis, porém, que novos homens no poder anunciam que a hora de "grandes experiências" estava soando[4].

A finalidade da planificação é a de suprimir a anarquia da produção decorrente da livre concorrência, geradora das crises periódicas do capitalismo e da miséria que assola as massas trabalhadoras, sendo absolutamente indispensável para a edificação do socialismo, dentro de uma harmonia da produção, a fim de atender às necessidades da população e de melhorar o aproveitamento das riquezas naturais. Pressupõe, para isso, estudo meticuloso, colheita de dados e divisão pormenorizada das regiões que formam o país, constituindo obra dificílima e árdua para os que nela se incorporam. Requer, além disso, formulação de objetivos, existência de mecanismos para sua execução e conhecimento, incorporação de fins gerais e concretos, exigindo ainda estas condições: decisão e autoridade

---

[4] Louis Pommery, *Aperçu d'histoire economique contemporaine* (Paris, Editions Economique Sociales, 1947), p. 232.

para pô-la em prática, meios para tais fins. Efetua-se por meio de ordens e instruções diretas, diferenciando-se do controle. Nas nações capitalistas essas premissas são irrealizáveis pela existência da livre-iniciativa, tornando-a, quando intentada, em mero prognóstico, com planos conjunturais, sem obrigatoriedade de execução. A planificação deve ser total, a fim de produzir resultados, querendo, finalmente, a divisão do país em regiões econômicas[5]. O resto não passa de arremedo, como aqui no Brasil, onde temos um ministério do planejamento sem a existência de planificação, com a exclusiva função de distribuição de verbas orçamentárias e acompanhamento de sua execução.

A origem do fascismo na Itália se deve imediatamente ao fato de este país ter sido o pior aquinhoado na partilha territorial resultante do primeiro pós-guerra. Os aliados, a fim de ganhá-la para a guerra contra os Impérios Germânico e Austro-Húngaro, prometeram-lhe participação na divisão do Império Otomano, da África e do Oriente Próximo, além das províncias austríacas do Trentino, o sul do Tirol, da Gorígia, Ístria, costa da Dalmácia e controle sobre a Albânia, mas, no fim do Tratado de Versalhes, que durou seis meses para sua elaboração, a Albânia tornou-se completamente independente, a Dalmácia foi para a Iugoslávia, a Inglaterra e a França dividiram entre si todas as colônias alemãs da África e obtiveram todos os lucros do colapso da Turquia, criando desse modo um sentimento de frustração à Itália, porque seus protestos foram em vão, pois, assinado o Tratado, qualquer pedido de revisão era tomado como agressão.

Embora seu território tivesse sido aumentado, tornou-se uma nação insatisfeita, ansiosa por uma revisão posterior de suas fronteiras[6].

Mussolini soube utilizar muito bem esse descontentamento generalizado em proveito próprio. Decretado o armistício, os socialistas

---

[5] A. Baykov, *Historia de la economia soviética* (tradução de Hernán Labore, México, Fondo de Cultura Económica, 1948), p. 450-1.

[6] *História do século 20* (São Paulo, Abril Cultural, 1968), p. 934.

continuaram a explorar o sentimento popular de hostilidade à guerra, qualificando-a de crime, o que, embora lhes granjeasse votos nas eleições, inflamou os ressentimentos dos oficiais que voltavam dos campos de batalha. Verificou-se mais tarde ser um erro essa posição dos socialistas, o que lhes foi fatal. Em 10 de novembro de 1918, Mussolini subiu a um vagão que transportava os *arditti* (tropa de choque do exército italiano) e fez-lhes um discurso inflamado, chamando-os de irmãos, convidando-os a luzirem suas adagas e o estrondo de suas bombas *contra* os patifes miseráveis que tentavam bloquear o caminho da Itália em direção a sua grandeza, formando com eles um corpo de defesa do seu jornal *Popolo da Itália*. Em 23 de março de 1919, surge em Milão o primeiro *Fascio de Combatimento*. No início os *fasci* não foram concebidos como partido e sim como ampla coligação patriótica. Mussolini, namorando a esquerda, adotava ideias republicanas sindicalistas e de reforma constitucional, no entanto, tinha a seu lado direitistas e monarquistas. Em sua maioria, no entanto, os *fasci* se compunham de estudantes, ex-oficiais descontentes e pequena burguesia, reunindo-se nos fundos dos cafés. Já em 1920, livrando-se dos seus traidores, começou a formar e treinar "pelotões de vigilância", comandados por oficiais desmobilizados, a fim de lutar contra os socialistas em conflitos de rua para "manter a ordem" durante as greves. Compunham-se de aventureiros e rebeldes sem causa, com desprezo pelos velhos partidos, tendo como lema favorito *Me ne frego* (pouco me importa). Ao mesmo tempo submetia-se aos conservadores, conquistando o agrado dos *agrari* (ricos fazendeiros e agricultores), comerciantes e empregados ressentidos com a melhoria do padrão de vida dos operários industriais. Recrutava adeptos nas cidades entre a classe média e nos campos entre os desempregados, com promessas de trabalho e até de doações de terras. As técnicas dos *squadritti* (formação de pelotões) só foi possível com a conivência do Exército e da polícia. Levaram a efeito, igualmente, demonstrações de massa com mais de 20 mil simpatizantes, iniciando as expedições punitivas com requintes de selvageria, como em Ravena, qualificada por Italo Balbo de "noite terrível", marcada por altas colunas de fogo. Os liberais acreditavam que o abrandamento das ações terroristas dos fascistas só poderia ser alcançado oferecendo-se ao seu chefe um lugar no gabinete governamental. Mussolini hesitava. Em outubro de 1921, algumas das mais altas personalidades preparavam a marcha sobre Roma, com apoio de dois generais, incitando a uma ação rápida. Os planos finais, contudo, foram estabelecidos por ocasião do Congresso Fascista em Nápoles, quando 40 mil *squadritti* desfilaram diante de Mussolini. Em 22 de novembro tem início a marcha sobre Roma, com uma minoria insignificante, que o Exército, com seus 12 mil homens, poderia facilmente dispersar, pois vinham de trem, quase desarmados, munidos apenas de rifles, pistolas e cassetetes, avançando morosamente sob uma torrencial tempestade de outono, dispondo de pouquíssima comida.

O rei não simpatizava com os fascistas, porém, receava que o duque de Aosto, seu primo, ligado aos fascistas, viesse a ocupar seu lugar. Ele sofria, além disso, de complexo de inferioridade, devido a sua estatura que o tornava, vestido de uniforme, mais baixo do que qualquer recruta. Foi tentada, então, a formação de um governo liderado pelo conservador Salamandra, com a inclusão de alguns fascistas; tal proposta foi rejeitada por Mussolini, que se encontrava em Milão. Sem outra alternativa, o rei mandou telegrafar — "Deputado Mussolini. Sua Majestade, o Rei, pede-vos vir imediatamente a Roma desejando incumbir-vos da formação do Ministério. Saudações. General Cardini"[7]. Mussolini chega a Roma pacificamente, em um vagão-leito, na manhã de 30 de outubro de 1922.

Assim foi a ocupação de Roma, com ela nascia o mito fascista e a Itália ganhava um *duce*[8], abrindo o período mais triste de sua história. Uma tremenda reação desencadeou-se sobre as massas laboriosas das cidades e dos campos, sendo os inimigos perseguidos com crueldade inaudita, sem qualquer respeito humano. Entre eles não se deve esquecer o glorioso Antonio Gramsci, cujo "cérebro deveria parar de pensar" na recomendação

---

[7] Armando Borghi, *Eis Mussolini* (São Paulo, Oceano Ltda., s.a.), p. 162.
[8] Adrian Lyttelton, *A tomada do poder fascista — história do século 20*, cit.

de Mussolini. Liberto, após dez anos, e já muito doente, sem esperança de salvação, é vencido por um derrame cerebral, na madrugada de 27 de abril de 1937, deixando vinte cadernos de apontamentos que constituem um legado espiritual, hoje conhecidos e admirados em todo o mundo.

No Brasil, a chamada Revolução de Outubro de 1930 foi fruto imediato da brusca queda da produção cafeeira de 1929, seguida de *crack* da Bolsa de Nova York, que gerou uma crise geral no mundo, com milhões de desempregados famintos, propiciando, em 1933, a subida de Hitler ao poder, na Alemanha, com sua ditadura cruel e resultando, entre nós, o período mais conturbado de nossa história. Já tínhamos uma burguesia nascente, um proletariado organizado com certa experiência de luta, uma classe média relativamente numerosa e ativa nos centros urbanos e uma classe rural em decadência. As classes dominantes, com seus interesses particulares divergentes, começam a se agitar diante das dificuldades que se agravavam, pugnando por aquilo que consideravam seus direitos: o lucro e a expansão crescente.

O Governo Provisório, de caráter abrangente, incluía gaúchos, mineiros, nordestinos e paulistas, e a grande inovação da criação do Ministério do Trabalho a fim de atender a "questão social". O principal problema, no entanto, consistia na própria crise sem solução, vindo em seguida a questão dos "tenentes" (braço direito da Revolução) e as velhas oligarquias. Os primeiros procuraram se aglutinar na Legião Revolucionária de São Paulo, a Legião de Outubro em Minas Gerais, a Legião Cearense do Trabalho no Ceará e o Clube 3 de Outubro no Rio de Janeiro. Decretou-se então, para acalmar os desempregados e os insatisfeitos, a Lei de Nacionalização do Trabalho, mais conhecida por lei dos dois terços, e a seguir a Lei de Sindicalização de Operários e patrões, colocando sob tutela do Estado as organizações dos trabalhadores, acabando assim com a autonomia sindical e dando nascimento à camada privilegiada dos "pelegos", regulamentando-se então o trabalho feminino e dos menores, o descanso semanal, a jornada de oito horas de trabalho e férias, já constantes do Tratado de Versalhes, dos quais éramos signatários, desde 1918.

A fim de atender os fazendeiros, queimaram-se os excedentes dos estoques de café para evitar a queda de seus preços, destruindo-se, desse modo, 78.291.253 sacadas de café, entre 1921 e 1944, que vinham do interior ensacadas e transportadas por ferrovia. Proibiu-se também, por três anos, o plantio de novas lavouras em todo o território nacional, além da redução de 50% de suas dívidas bancárias por hipotecas urbanas e rurais. A arrecadação do imposto de exportação foi retirada dos estados, passando para a União, e promoveram-se a suspensão dos fretes para o açúcar de São Paulo e sobretaxa de dois terços para a alfândega de Santos — medidas estas consideradas prejudiciais à economia paulista.

Com o agravamento da situação econômica; com a alta do custo de vida; com o desemprego e a imigração dos trabalhadores agrícolas para a cidade; com as indústrias semiparadas ou fechadas por falta de crédito, de novos equipamentos e de combustíveis: os operários, sem outros recursos, recorreram à única arma de que dispunham: a greve. Uma série de paralisações de todas as categorias desencadeou-se entre fevereiro e maio de 1932, atingindo 200 mil pessoas. A polícia e a imprensa burguesa, como de costume, acoimaram-na de obra subversiva, ocorrendo prisões em massa, espancamentos brutais de trabalhadores e depredações das sedes sindicais. Os operários reclamavam aumento de salários para enfrentar a alta crescente do custo de vida, melhoria das condições de trabalho, respeito à legislação trabalhista em vigor — fraudada pelo patronato —, organização de comitês de fábricas, o reconhecimento dos sindicatos, e a abolição da "Caderneta de Trabalho", imposta pelos patrões, na qual se registravam "faltas graves" dos trabalhadores e sua entrega à polícia.

As organizações patronais reforçavam seu apelo à "ordem ameaçada" unindo-se aos fazendeiros, aos partidos políticos — do PRP ao Partido Democrático —, inclusive monarquistas e separatistas. Falando às oligarquias em nome de São Paulo e do Brasil, pediam um "Civil e Paulista" no governo, em substituição aos interventores e delegados do governo central. Pleiteavam a constitucionalização do país, promovendo manifestações de rua, tentando conquistar a classe média em dificuldade e preparando o revanchismo, cristalizado no 9 de julho de 1932.

Essa luta armada era repudiada pelos "tenentes" por não disporem de partidos políticos para enfrentar qualquer pleito eleitoral e por Getúlio Vargas, de tradição castilhista e partidário de um governo ditatorial, de acordo com a doutrina de Augusto Comte. O fim da guerra civil "constitucionalista" levou seus principais chefes derrotados ao exílio em Portugal; ao passo que os operários já haviam sido enviados para o hediondo presídio da Colônia Correcional de Dois Rios, onde permaneceram por mais de um ano, sob trabalho forçado e de varas de marmelo dos guardas boçais, onde os encontrei ainda em novembro, ao ser para lá remetido após seis meses de prisão incomunicável em Fortaleza, Ceará, por ordem do chefe de polícia, ou seja, arbitrariamente. Getúlio, apressado por esses acontecimentos, realizou eleições em maio de 1933, formando uma Câmara que o elegeu presidente constitucional em julho do ano seguinte. Apaziguado o país, os "tenentes" acabaram com suas Legiões Revolucionárias, dissolvendo-se nos cargos públicos do governo federal. Isso levou Getúlio Vargas, respondendo mais tarde, ironicamente, a uma pergunta de como resolvera a questão dos "tenentes", a dizer: "promovi-os a capitães".

Com a difusão de literatura antiliberal, ocorrida nesse meio-tempo, formou-se entre a classe média baixa e alguns intelectuais reacionários uma corrente direitista, que teve sua expressão política na Ação Integralista Brasileira, dentro de moldes fascistas constituída por Plínio Salgado, antigo deputado estadual do PRP e redator do seu jornal, *Correio Paulistano*. Após visitar Mussolini em Roma, voltou a São Paulo, reuniu as várias Legiões Revolucionárias, constituindo a sua própria organização, cuja finalidade foi por ele assim resumida: "'Nacionalismo' impondo a disciplina no interior, impondo nossa hegemonia na América do Sul'"[9].

Estes, em largas pinceladas, os cenários reais que Astrojildo Pereira nos apresenta com objetividade, caracterizando-os com justeza e precisão.

---

[9] Helgio Trindade, *Integralismo* (São Paulo, Difusão Europeia do Livro, 1974), p. 83.

De fato, os Planos Quinquenais fizeram a grandeza da União Soviética, elevando-a a uma das maiores potências mundiais. O fascismo, banido definitivamente da Itália, é uma reminiscência melancólica que se procura esquecer, como um pesadelo. A tentativa do fascismo caboclo de Plínio Salgado está morta e enterrada como seu infeliz autor, enquanto Astrojildo Pereira continua perene, despertando renovado interesse com sua obra imortal, apontando-nos o mesmo caminho de cinquenta anos atrás — o socialismo — para o qual marcha a humanidade, neste fim de regime capitalista, que, através de guerras, desemprego e miséria, lança ainda seus estertores desesperados. Mas a aurora da libertação não tarda, vinda do Oriente, onde o sol nasce, com seu esplendor, todos os dias, infalivelmente.

Heitor Ferreira Lima
São Paulo, 20 de setembro de 1985.

PREFÁCIO

Há pouco mais de dois anos que me encontro afastado das fileiras do Partido Comunista, alheando-me desde então, voluntariamente, de qualquer atividade política. Mantive-me em completo silêncio durante todo este tempo. Quase nada escrevi. Nada publiquei. Fiquei assuntando, assuntando... Devorei muitos livros, remastigando e ruminando mais de um. Empanturrei-me sobretudo de livros reacionários, triturando quase toda senão toda a literatura contrarrevolucionária nacional, fascista, semifascista e pró-fascista, editada entre nós de 1930 em diante. Depois de tudo, creio que devo agora quebrar o silêncio.

Esse silêncio deveria ser quebrado, logo de início; com um *mea culpa* em regra, isto é, com a autocrítica dos meus erros e faltas na antiga direção do Partido, os quais deram Causa à minha exclusão, primeiro da direção e depois das próprias fileiras do Partido. Não o faço aqui, porque espero fazê-lo mais de espaço e em lugar mais adequado.

Fora da ação política propriamente dita, é claro que fico reduzido aos limites de mera cogitação intelectual. Não desejando transpor o círculo dessa limitação, tampouco posso ter outra veleidade que não seja a de simples comentador dos fatos, como publicista que intervém no debate quando e ali onde julga de alguma utilidade intervir. Bem escassa utilidade, ai de mim, mas não me resta outro jeito de ainda poder servir à causa do proletariado.

E aí está como se explica o aparecimento deste volume. Vão aqui reunidos escritos diversos, alguns deles já publicados em jornais, outros não, mas todos redigidos entre 1929 e 1933, apenas tendo sido o último retocado e parcialmente refeito agora. Seria talvez mais interessante refazer tudo de novo, dando mais homogeneidade ao livro. Preferi deixá-los como estavam, somente acrescentando ao texto algumas notas[1] para atualizar ou reforçar certas passagens.

Todo livro tem sempre uma intenção, clara ou subentendida. A intenção deste me parece bem clara:

primeiro estabelecer a comparação por assim dizer concreta entre os resultados a que chegaram os dois regimes antagônicos — o soviético e o fascista — depois de anos inteiros de aplicação prática e, em seguida, como os dois ensaios finais, concluir por mostrar às massas oprimidas do Brasil o caminho da libertação, isto é, o caminho soviético, indicado pela iniludível lição da experiência. Se a coisa frustrar-se, salve-se ao menos a intenção.

Outubro, 1934.
A. P.

---

[1] Que vão sempre mencionadas como sendo "desta edição" para diferençá-las das demais, apostas quando foi o texto redigido.

URSS

Capa de Rudolf Frentz para a edição de Ano-Novo da *Krasnaya Niva*, de 1927.

QUATRO CARTAS DE MOSCOU

I – O V Congresso dos Sovietes

Está reunido, desde alguns dias, o V Congresso dos Sovietes da URSS, que é a autoridade suprema do governo operário e camponês das repúblicas soviéticas federadas. Ele é constituído por deputados vindos de todas as partes deste imenso país (duas vezes e meia maior que o Brasil). Não são deputados à moda dos países capitalistas e... "democráticos". Os deputados soviéticos são operários e lavradores pobres, eleitos exclusivamente pelas massas laboriosas, e que, terminadas as sessões do Congresso (menos de duas semanas), voltam ao trabalho de onde saíram, por mandato de cerca de 80 milhões de eleitores. Para a aplicação política, legislativa e administrativa de suas decisões, o Congresso elege dentre seus membros a Comissão Central Executiva, composta de duas ou três centenas de deputados, a qual por sua vez elege em seu seio o Conselho dos Comissários do Povo.

Que diferença entre esses 80 milhões de eleitores soviéticos e o minguadíssimo milhãozinho de eleitores brasileiros! Aqui toda a população adulta que trabalha — e somente aquela que trabalha — a partir dos dezoito anos, sem exclusão de sexo ou nacionalidade, participa ativamente das eleições. É a metade da população total da URSS. No Brasil, há um máximo de 1 milhão de eleitores para uma população de cerca de 40 milhões. A diferença porcentual é de quase 50% na URSS para 2 1/2% no Brasil. Mas isto é a diferença *quantitativa*. A diferença *qualitativa* é ainda muito maior. Citarei alguns dados, muito significativos, referentes às eleições para o Soviete de Moscou.

A campanha foi feita na base de severa prestação de contas dos mandatos recebidos pelos deputados eleitos em 1927. Nas assembleias de prestação de contas, mais de 20 mil oradores fizeram uso da palavra e mais de 55 mil perguntas escritas ou orais foram dirigidas aos relatores. O programa político do Partido Comunista submetido às reuniões eleitorais foi minuciosamente discutido pela massa. Mais de 50 mil emendas foram feitas no texto primitivo. Mais de cem antigos deputados não obtiveram a aprovação dos eleitores para a sua atividade anterior. Somente 25% dos antigos deputados foram reeleitos; 75% dos novos deputados foram eleitos pela primeira vez. Compare-se isto com o que sucede no Brasil...

E é isto a *ditadura do proletariado*: a mais larga e efetiva democracia *para os trabalhadores*. Precisamente o contrário das "democracias" burguesas — como no Brasil — que significam, na verdade, a mais brutal ditadura *para os trabalhadores*.

*

Assisti à inauguração e tenho assistido a diversas sessões do Congresso, as quais se realizam no Grande Teatro. Na sessão inaugural, o teatro estava totalmente cheio. Os deputados, em número superior a mil, ocupavam toda a plateia e mais as cinco ordens de frisas, camarotes e torrinhas. No palco, enorme, encontra-se a mesa do Presidium e, por detrás, o que nós chamaríamos as galerias, isto é, o público que assiste, sempre numeroso. No grande camarote em frente ao palco estão os diplomatas estrangeiros.

É variadíssima a indumentária dos congressistas, operários e operárias, camponeses e camponesas, velhos, maduros, jovens, representantes de todas as diversas regiões soviéticas, em geral com seus trajes locais típicos, ou com a blusa, ou com a *rubasca* de todos os dias. São muitas as mulheres, quase todas de lenço à cabeça. É claro que não aparece nenhum gafanhoto de fraque ou de casaca nem mesmo entre os diplomatas estrangeiros...

Às seis horas da tarde em ponto (foi no dia 20), o camarada Kalinine, presidente da União Soviética, ocupa a cadeira da presidência e dá por inaugurado o V Congresso dos Sovietes da URSS. Uma banda de música toca a Internacional. Toda aquela multidão se põe de pé — inclusive os diplomatas, solenes sujeitos, os únicos solenes ali, representantes da burguesia capitalista mundial... Eu olhava-os, contente da vida, como quem diz: aguenta firme!

*

Nenhum "grande discurso", desses tão do agrado do verbalismo parlamentar. Cada ponto da ordem do dia tem o seu relator — Rykov, Kryzhanovski, Kuybychev, Kalinine, Vorochilov, Lunatcharsky. Feito o relatório, abre-se a discussão, animada, séria, fecunda. A retórica está rigorosamente banida. Primeiro, porque a seriedade dos assuntos tratados não admite retórica nem verbalismo; segundo, porque os ampliadores mecânicos dispensam a "oratória": cada qual pode falar no tom natural com que conversa, sem gestos dramáticos, sem necessidade alguma de exaltação ou esforço verbal altissonante... Eu vi com os meus olhos e ouvi com os meus ouvidos mais de uma simples camponesa subir à tribuna, falar sobre a questão em debate e ser tão aplaudida como os próprios relatores.

*

Antes do V Congresso da URSS havia-se reunido o XIV Congresso da RSFSR, e antes deste a XVI Conferência do Partido Comunista da US. Em todas essas assembleias, o problema central em debate há sido o do plano econômico de cinco anos.

Que vem a ser essa questão do plano econômico de cinco anos? Responder a essa pergunta equivale a estabelecer a diferença fundamental que existe entre a economia no regime socialista e a economia no regime capitalista. No regime capitalista a produção e a distribuição se fazem anarquicamente, sem obedecer a nenhum plano de conjunto conforme as possibilidades e necessidades do país; no regime socialista, pelo contrário, toda a economia, todo o processo de produção e distribuição obedecem a planos prévios de conjunto. Em suma: capitalismo é concorrência; socialismo é cooperação.

Na mensagem que a 3 de maio último o sr. Washington Luís enviou ao Congresso brasileiro — e que eu acabo de ler aqui em Moscou — encontra-se o trecho seguinte: "As importações e exportações, sabem-no todos, não dependem da ação direta dos governos. As produções do país, bem como o seu consumo, se fazem sob o conhecimento dos governos, sem dúvida, mas não podem eles influir para que as estações climatéricas corram à feição, aumentando as colheitas, ou para que o comércio importador diminua as suas necessidades".

O sr. Washington Luís fizera previsões demasiado otimistas, sem base alguma, acerca do saldo que a balança comercial "devia" deixar em 1928. Ele *desejava* um grande saldo; a realidade não lhe satisfez os desejos e deu-nos um saldo magríssimo, que se transformou em pesado déficit na balança de contas. Então o presidente salta em campo a justificar-se: "A produção e o consumo, a exportação e a importação se fazem sob o *conhecimento* do governo, mas não sob sua *influência* ou *direção*. Portanto, eu não tenho culpa no caso". E é verdade. A culpa não cabe particularmente a ele Washington, nem a seu governo, a culpa é da economia anárquica, própria do regime capitalista, que ainda vigora no Brasil. No dia em que os operários e lavradores pobres do Brasil, fazendo a sua revolução, tiverem começado a destruição do regime capitalista e a construção do regime socialista — coisa que fizeram os trabalhadores da antiga Rússia tzarista —, então, sim, toda a economia do país se processará não somente sob o *conhecimento*, mas ainda sob a *direção suprema* do governo operário e camponês. É o que acontece aqui, com o Plano Quinquenal.

O governo soviético — que é o governo das classes laboriosas — traça um plano prévio de trabalho para os cinco anos a seguir. Plano a que toda a economia do país fica subordinada. Plano científico, minuciosamente estabelecido por um departamento técnico especial — a repartição do Plano do Estado, de que é presidente o velho bolchevista engenheiro Kryzhanovski. Essa repartição examina, analisa, estuda, com o mais rigoroso apuro científico, todos os dados concretos da economia soviética: suas possibilidades e suas necessidades, suas relações internas e externas. De posse desses dados, traça o projeto de plano, que é então submetido à mais larga discussão e verificação, pela imprensa e pelos órgãos competentes e interessados. Vem por fim o Congresso Soviético da URSS, autoridade suprema do governo operário e camponês, e dá a última demão ao projeto, tornando-o resolução obrigatória.

Eis aí.

E que obra verdadeiramente gigantesca é esta de construção do socialismo, isto é, de todo um novo sistema econômico e social! Construção *prática*, entenda-se bem, levada a efeito com o material concreto *existente*. Não há exemplo, em toda a história da humanidade, de nenhum período que se possa nem de longe comparar a este inaugurado pela União Soviética há menos de doze anos. Naturalmente, os jornalistas e publicistas da burguesia — incluindo os "sábios imparciais"... cuja "imparcialidade" se manifesta sempre a favor da burguesia — não o compreendem, não o *podem* compreender, não o *querem* compreender. É este o seu ofício. Mas os operários, não só da US como do mundo inteiro, compreendem tudo muito bem.

O plano agora estabelecido para o quinquênio a terminar em 1933 representa um passo decisivo para a frente. "É um plano revolucionário — disse Rykov no seu relatório perante a XVI Conferência do PC — não somente no sentido de que será um salto formidável para a frente no caminho da organização da sociedade socialista, mas também no sentido de que produzirá toda uma revolução no emprego da técnica mais moderna."

O que é essencial na sua aplicação é que a US deverá não só alcançar, mas ainda ultrapassar o ritmo de desenvolvimento econômico dos países capitalistas tecnicamente mais adiantados. Perspectiva gigantesca, cuja importância só pode ser medida se tivermos em conta as condições concretas em que o país passou às mãos do proletariado. Kuybychev —

presidente do Conselho Superior de Economia Popular — ressaltou-o bem, nas primeiras palavras do seu relatório:

> A situação em que o proletariado da União Soviética começou a construir o socialismo, o estado técnico atrasado da URSS, o parcelamento da agricultura em pequenas economias[1] camponesas, o fato de nos encontrarmos rodeados por países capitalistas, assim como a necessidade de alcançar e ultrapassar tecnicamente os nossos inimigos capitalistas, no mais curto prazo possível, como condição prévia da edificação socialista da economia — todos estes fatos tornam o problema do ritmo de desenvolvimento uma das questões centrais do plano de 5 anos.

Deve ainda considerar-se que o período abarcado pelo plano caracteriza-se por uma agravação extraordinária da luta de classe no interior e no exterior.

Ele é fundamentalmente um plano de luta do socialismo contra o capitalismo, quer por sua aplicação interna, quer por sua repercussão externa. "O êxito do plano de 5 anos — concluiu Kuybychev — significará que a classe operária da União Soviética, depois de sua vitória de Outubro[2], terá definitivamente desfraldado a bandeira do socialismo em nosso país e centuplicado assim a possibilidade de vitória do proletariado no mundo inteiro".

Veremos, noutra carta, em que consiste propriamente o plano econômico de cinco anos.

Moscou, 27 de maio de 1929.

---

[1] Economia: termo empregado aqui no sentido de sítio, fazendola, estabelecimento rural.

[2] A insurreição bolchevista vitoriosa estalou em Petrogrado (depois Leningrado) no ano de 1917, a 25 de outubro pelo calendário vigente à época na Rússia, ou seja, 7 de novembro pelo calendário gregoriano.

II – O que é o plano econômico de cinco anos

Conforme prometi na carta anterior, passarei hoje em revista, condensando-os o mais possível, os dados contidos na resolução da XVI Conferência do PC da US sobre o plano econômico de cinco anos. Para mais fácil compreensão dos leitores brasileiros, convém explicar que o rublo atual equivale a quase meio dólar, ou seja, 4$000 redondos[3]. Outra explicação prévia: o ano econômico soviético vai de 1º de outubro a 30 de setembro do ano seguinte. Por exemplo, o ano econômico de 1928-1929 começou a 1º de outubro de 1928 e terminará a 30 de setembro de 1929[4].

*

No período quinquenal de 1923-1924 a 1927-1928, a soma total das inversões de capitais em toda a economia nacional montou a 26.500 milhões de rublos. Para o período quinquenal agora iniciado, isto é, de 1928-1929 a 1932-1933, as inversões globais previstas vão a 64.600 milhões de rublos. Naquele primeiro período, as inversões de capitais somente na indústria elevaram-se a 4.400 milhões de rublos; para o período próximo elevar-se-ão a 16.400 milhões.

Para a agricultura, os algarismos correspondentes aos dois períodos são, respectivamente: de 15.000 milhões e 23.200 milhões; para os transportes, de 2.700 milhões e 10.000 milhões; para a eletrificação, de 900 milhões e 3.100 milhões.

Graças a estas novas inversões, o capital de fundo total do país aumentará na proporção formidável de 82%; ele era de 70 bilhões em 1927-1928; passará a 128 bilhões em 1932-1933. (Reduzam-se estes 128 bilhões de rublos a moeda brasileira: encontraremos........... 512.000.000:000$000,

---

[3] Ao câmbio médio da época (1929) em que foi escrita esta carta.
[4] Mais tarde se identificou o ano econômico com o ano civil.

isto é, mais de 500 milhões de contos de réis... Para um país "faminto" e "desgraçado" como a União Soviética, olhem que já é nota! Coitado do Brasil burguês, tão "rico" e tão "feliz", se o formos comparar com a Rússia proletária...). Na indústria, o capital de fundo passará de 9.200 milhões a 23.100 milhões; na eletrificação, de 1.000 milhões a 5.000 milhões; nos transportes ferroviários, de 10.000 milhões a 17.000 milhões; na agricultura, de 28.700 milhões a 38.900 milhões.

Nos países capitalistas, de economia baseada na propriedade privada, é a pequena minoria de capitalistas que dispõe a seu bel-prazer dos lucros obtidos na indústria e na agricultura: pouco lhe importa a sorte da massa trabalhadora, que tudo produziu. Na União Soviética, onde os setores fundamentais da economia são propriedade coletiva, é o Estado proletário que dispõe, no exclusivo interesse da massa trabalhadora, de cujo seio ele emana, dos lucros obtidos nos setores socializados da economia nacional (e também, por meios indiretos, nos setores ainda não socializados). Daí, essas formidáveis inversões de capitais, visando acelerar o ritmo de industrialização do país, aumentar a sua capacidade produtora, elevar o nível de vida geral e, por fim, melhorar cada vez mais as condições de existência dos trabalhadores.

Assim é que o plano econômico de cinco anos prevê um desenvolvimento não menos formidável na produção de conjunto da indústria: de 18.300 milhões de rublos em 1927-1928, a produção industrial subirá a 43.200 milhões em 1932-1933, mais do dobro e mais do triplo da produção anterior à guerra. Na agricultura, o aumento será de 16.600 para 25.800 milhões. A capacidade das estradas de ferro passará de 88 a 173 bilhões de toneladas quilométricas. Enfim, a produção global líquida de toda a economia nacional aumentará de 24.400 milhões para 49.700 milhões de rublos.

Aumentar o ritmo de industrialização do país significa em primeiro lugar aumentar a capacidade de produção das indústrias de base, daquelas que produzem meios de produção. Daí que 78% do total de inversões de capitais na indústria seja empregado na indústria de meios de produção:

metalurgia pesada, minas, petróleo, energia elétrica, fabricação de maquinismos, produtos químicos, etc.

Segundo o plano de eletrificação, 42 novas usinas centrais intercomunais serão construídas dentro dos próximos cinco anos. A produção de energia elétrica aumentará enormemente: de 5 bilhões de quilowatts-hora em 1927-1928, passará a 22 bilhões no fim do período quinquenal atual. A produção carbonífera deverá também aumentar em grande proporção, no Donietz, no Ural, no Kuznietz, em Moscou: de 35 milhões de toneladas extraídas em 1927-1928 para 75 milhões de toneladas no ano econômico de 1932-1933.

Para a metalurgia pesada, para a fabricação de máquinas, para a indústria química, o plano estabelece a construção de novas e formidáveis usinas e bem assim a reconstrução de antigas. O aumento da produção nesses ramos da indústria, entre 1927-1928 e 1932-1933, está previsto na seguinte proporção: na metalurgia pesada, de 3½ milhões para 10 milhões de toneladas; na construção de automóveis, de tratores, de máquinas pesadas, de máquinas agrícolas, de utensílios diversos, etc., de 3½ a 4 vezes mais; na indústria química, de somente 175 mil toneladas para 8 milhões.

*

O regime capitalista traz nas suas entranhas o germe do regime socialista que o matará. Mas essa morte não se produz em cima da cama, pacificamente. Não é morte morrida; é morte matada. Intervém no seu desfecho este instrumento decisivo: a revolução. Porém isto dura tempo, e tempo brabo. É o tempo da ditadura do proletariado, que é o regime de transição entre o regime capitalista derrubado e o regime socialista a ser implantado. Durante o regime de transição permanecem ainda muitos restos de capitalismo, que lutam, de mil maneiras, por fazer abortar a revolução e ressuscitar o regime decaído. É sobretudo na economia que essa luta assume os aspectos mais variados e mais complicados. Nesse sentido é que o plano econômico de cinco anos constitui um plano de luta de classe, plano de luta contra os elementos capitalistas que ainda restam na economia e pelo desenvolvimento dos elementos socialistas.

Vejamos o que dizem os números a esse respeito. O quadro abaixo mostra como se modificará a estrutura do capital de fundo, em porcentagem da soma total no fim de cada período:

Setores econômicos	1927-1928	1932-1933
Do Estado	51,0%	63,6%
Cooperativas	1,7%	5,3%
Setor privado	47,3%	31,1%

Em consequência, a produção do setor socialista (Estado e cooperativas) se modificará do modo seguinte:

	1927-1928	1932-1933
Na indústria	80%	92%
Na agricultura	2%	15%
No pequeno comércio	75%	91%

Vê-se aí a posição dominante absoluta do setor socializado na indústria e no comércio. Ao fim do período quinquenal, ela terá atingido quase os 100%, que marcarão o estabelecimento definitivo do socialismo. Na agricultura é que a coisa fia mais fino. Não devemos esquecer que a antiga Rússia era também, como o Brasil, um país essencialmente agrário... É portanto na agricultura que mais séria se torna a luta dos novos elementos socialistas contra os velhos elementos capitalistas, extremamente tenazes. Ora, neste ponto precisamente é que o Plano econômico de cinco anos representa um papel da maior importância. Durante o período previsto, um grande passo terá dado a construção do setor socializado na agricultura ("sovkhoz" ou economias soviéticas, e "kolkhoz" ou economias coletivas). Eis o que diz, sobre esse ponto, o texto da resolução da XVI Conferência do Partido:

O aumento da superfície semeada do setor socialista da agricultura atingirá em 1933 a 26 milhões de hectares (17% de todas as superfícies semeadas), e sua produção será de 15,5% de toda a produção agrícola e 43% da produção mercantil de cereais. O aumento numérico do setor individual da agricultura será diminuído em consequência da atração prevista de 20 milhões de pessoas para o setor socializado. Graças a esta modificação, os "sovkhoz" (antigos e novos) produzirão, em 1932, pelo menos 34 milhões de quintais de trigo para o mercado, e os "kolkhoz" pelo menos 50 milhões de quintais de trigo para o mercado, ou seja, um total de 84 milhões de quintais, isto é, mais de 500 milhões de "puds" (arrobas).

Os números-índices seguintes dão uma ideia do desenvolvimento das cooperativas durante o período de cinco anos do plano:

	1927-1928	*1932-1933*
Parte dos "kolkhoz" na produção total	1,0%	11,8%
Parte da pequena indústria cooperativa na produção de conjunto da pequena indústria	19,4%	53,8%
Parte das cooperativas no comércio a varejo	60,2%	78,9%
Quantidade das cooperativas de produção agrícola, em milhões	9,5	23,58
Porcentagem da produção das mesmas em relação a todas as economias	37,5%	85,0%
Número de pessoas da população urbana abastecida pelas cooperativas, em milhões	8,7	16,5
Idem, idem da população rural, em milhões	13,9	31,8

*

Os números acima expostos mostram claramente em que proporção gigantesca está previsto pelo Plano o reforçamento dos elementos socialistas em toda a economia nacional, quer na produção, quer na distribuição de mercadorias. Mas há ainda outros dados, não menos significativos, que devemos também considerar.

O total da renda nacional no ano econômico de 1927-1928 foi calculado em 24.400 milhões de rublos. Ele deve aumentar para 49.700 milhões em 1932-1933, isto é, numa proporção de 103%. Essa porcentagem é verdadeiramente notável, pois significa um aumento anual de mais de 12%, num ritmo superior de quatro vezes ao aumento da renda nacional no tempo da Rússia tzarista e consideravelmente superior mesmo ao de qualquer país capitalista.

Nos países capitalistas, o aumento da renda se faz sempre em benefício dos capitalistas, naturalmente. Na União Soviética, país dos trabalhadores, estes é que são beneficiados pelo aumento da renda nacional. Segundo o Plano de cinco anos, esse benefício se exprimirá, ao fim do período quinquenal, principalmente por um aumento de 71% do salário real dos operários da indústria.

Os orçamentos do Estado aumentarão numa proporção de 166,7%. Durante o período anterior, a soma total dos orçamentos anuais elevou-se a 19 bilhões de rublos; ela se elevará a nada menos de 51 bilhões durante o período em curso.

*

A realização do plano de cinco anos, que é um programa da ofensiva socialista em toda a linha, está ligada à dominação das dificuldades formidáveis tanto interiores como exteriores. Essas dificuldades decorrem do caráter tenso do próprio Plano, condicionado pelo estado técnico e econômico atrasado do país, pelo caráter complicado das tarefas da reconstrução, na base do trabalho coletivo, de muitos milhões de economias camponesas disseminadas e, finalmente, pelo fato de se encontrar a URSS cercada de países capitalistas. Essas dificuldades são agravadas pela acentuação da luta de classe e pela resistência dos elementos capitalistas que vão sendo infalivelmente liquidados pela ofensiva crescente do proletariado socialista.

Assim se exprime a resolução da XVI Conferência, encarando de frente, à boa moda bolchevista, as dificuldades que deverão ser vencidas passo a passo com a mesma aplicação do Plano. Mas não tenhamos dúvida que ele será executado com mão firme, até o fim. Sob a direção do Partido Comunista, todo o proletariado russo, apoiado pelas mais largas massas laboriosas, está empenhado nessa obra grandiosa. Não há forças no mundo que o detenham.

Moscou, 10 de junho de 1929.

III – A agravação da luta de classe

É sobretudo no campo que se verifica o fato da agravação da luta de classe consequente ao aceleramento do ritmo de industrialização do país. Essa questão é simples de compreender — se bem que dificílima de resolver. Industrialização, num país agrário, cujo poder se encontra nas mãos do proletariado, como a URSS, significa edificação do socialismo. "O soviete mais a eletrificação, eis o socialismo", dizia Lênin. Edificação do socialismo significa luta pela liquidação definitiva dos elementos capitalistas que ainda restam do antigo regime. Ora, esses elementos capitalistas existem principalmente na agricultura. É, pois, aí, na agricultura, que a batalha se trava mais forte, mais rude, mais intensa. E é um engano supor que o avanço dos elementos socialistas amortece a batalha. Pelo contrário, esta se agrava cada vez mais, com a resistência tenaz, multiforme, desesperada das forças que vão sendo batidas, palmo a palmo. Eis por que o problema do trabalho na agricultura está intimamente ligado às tarefas traçadas pelo Plano econômico de cinco anos.

Não se trata, porém, de uma luta simplista, de duas forças distintas colocadas uma contra a outra, a indústria de um lado e a agricultura do outro lado. Para empregar uma imagem militar, poderíamos dizer que a indústria é a artilharia pesada com que o proletariado ataca os vestígios de capitalismo enraizados na agricultura. Mas é dentro da mesma agricultura que o combate se fere, trincheira a trincheira, corpo a corpo. Economicamente, essa luta se exprime pelo avanço dos métodos coletivos — isto é, socialistas — de cultura, produção e distribuição, contra a resistência dos velhos métodos individualistas — isto é, capitalistas. É o "sovkhoz" e o "kolkhoz" contra o "kulak".

Todas as medidas assentadas pela XVI Conferência do Partido Comunista e adotadas pelo V Congresso dos Soviets visam justamente estimular, por todos os meios, diretos e indiretos, o progresso das economias coletivas e soviéticas em detrimento das economias individuais.

Para a aplicação de tais medidas, a política do Partido estabelece como condição básica um maior "reforçamento das relações entre a cidade proletária e a aldeia, a fim de reforçar o papel dirigente da classe operária". Por outras palavras: o proletariado luta contra o "kulak", que é o camponês enriquecido, inimigo do sistema socialista, e luta procurando o apoio da massa de camponeses pobres e médios, os quais têm mais interesse em defender o sistema socialista, apoiando portanto o proletariado, do que o sistema antigo, que só aproveita à minoria renitente de "kulaks".

Os números abaixo dirão em que pé vai a marcha enérgica dos elementos socialistas na agricultura, dirigidos pelo proletariado com o apoio das categorias mais pobres de camponeses.

*

O número total de economias agrícolas coletivas em toda a União Soviética é já superior a 38 mil. Somente na RSFSR, durante o ano de 1928, o número de economias coletivas aumentou de 11.349 para 21.934, quase o dobro.

Existem três formas de economias coletivas: as associações para a lavra em comum, os "artels" e as comunas agrícolas, em número, respectivamente, de 21.379, 13.174 e 1.967. Essas coletividades agrícolas agrupam um total de mais de 550 mil explorações (sítios, granjas, fazendolas).

O que aparece como característico no desenvolvimento das economias coletivas, nestes últimos tempos, é a tendência para a organização de grandes coletividades por aldeia ou por grupos de aldeia, em vez das pequenas coletividades dos primeiros tempos. 127 dessas grandes coletividades, já organizadas, contam mais de 400 mil hectares cultivados, podendo citar-se, entre elas: a de nome "Preceito de Lênin", no Cáucaso do Norte, com 12 mil hectares; o cartel de Digorsk, na Ossétia do Norte, com 16 mil hectares; a associação "Krasnaia Niva", na região do Ural, com 11 mil hectares; na Sibéria, as comunas denominadas "Iuny Pakhar" e "Terceira Internacional", cada uma com 14 mil hectares; na província de Vologda, um cartel agrícola que se compõe de dezoito aldeias, com 14 mil hectares de terra; na província de Tula, há um plano de coletivização compreendendo todo um distrito rural, com 12 mil explorações e 90 mil hectares.

A superioridade das economias coletivas sobre as economias individuais manifesta-se desde logo no que se refere ao rendimento da produção. Assim, por exemplo, no Oeste, enquanto um hectare das economias individuais rende sete quintais, um hectare das economias coletivas rende nove quintais; na Ukraína a diferença é de dez para treze quintais na mesma base.

*

Estreitamente ligado aos problemas de aplicação do Plano de cinco anos, na indústria, nos transportes, na agricultura, como também na administração soviética, está o problema da luta contra a indisciplina do trabalho, contra o burocratismo, contra a rotina, pela melhor organização do trabalho e seu aperfeiçoamento técnico, pelo estímulo socialista na produção e pelo entusiasmo popular na realização da obra comum. Nesse sentido, o que se faz na URSS é coisa verdadeiramente sem paralelo em qualquer outro país do mundo.

Diariamente, os jornais publicam páginas inteiras de autocrítica, de exame cerrado, minucioso, tenaz das tarefas em curso, de mil sugestões para corrigir tais defeitos ou insuficiências, de exemplos fecundos e estimulantes no bom trabalho, visando incentivar a iniciativa das massas. "Sob o controle das massas!" — essa, a palavra de ordem do Partido Comunista no combate às falhas e aos erros verificados, ao desleixo, à displicência, à moleza, à passividade, ao ronceirismo, ao emperramento, à sabotagem involuntária ou voluntária. São as próprias massas operárias e campesinas que realizam esse controle severo, fiscalizando, criticando, opinando sobre as pequenas e grandes questões — com a mais ampla, a mais completa, a mais integral liberdade de expressão.

Mas não só pela imprensa é realizado esse controle das massas: as assembleias, os "meetings", as conferências se fazem quotidianamente aos milhões — não é exagero — por essa imensa URSS. Cada fábrica, cada usina, cada escritório, cada coletividade agrícola, cada aldeia, cada instituição tem o seu clube, o seu salão de assembleias e conferências, onde as reuniões são sempre frequentíssimas, e nelas se discutem largamente as questões do dia. Outros meios, os mais diversos, são ainda empregados. Citarei um, que é típico, de combate à burocracia: o dos tribunais operários contra os burocratas.

De acordo com o Comissariado de Inspeção Operária e Camponesa (é o ministério especial de controle), 1.500 operários das maiores fábricas de Moscou organizaram, em fevereiro último, uma espécie de "raid" sobre numerosas instituições e repartições, a fim de verificar, pessoalmente, a conduta dos respectivos funcionários. Tudo isto feito em segredo, bem entendido, sem que o fiscalizado sequer desconfiasse a que sorte de controle estava sendo submetido. O resultado do "raid" foi comunicado ao escritório de reclamações da Inspeção Operária e Camponesa, que convocou um tribunal operário, reunido perante 2 mil operários. Os casos comunicados foram entregues ao julgamento deste tribunal. As condenações choveram. Por exemplo, o diretor-suplente e o secretário da Central de Seguros Sociais, acusados de tratar os visitantes com impaciência, grosseria, pouco-caso, foram condenados: o primeiro, a uma censura severa e suspensão disciplinar do cargo por um ano, e o segundo, a demissão. Um diretor distrital da Bolsa do Trabalho do Estado foi suspenso por tempo indeterminado de suas funções e proibido de ocupar, durante dois anos, qualquer posto responsável. Por quê? Porque tratou displicentemente e grosseiramente duas operárias sem trabalho. O mesmo castigo sofreu certo procurador do Estado, que recebia os operários do alto das tamancas, como se fosse procurador de algum Estado burguês. Um vendedor de cooperativa, o diretor de um dispensário e muitos outros funcionários e empregados foram chamados perante o tribunal e julgados sem apelação.

*

Leio aqui, no *Jornal do Brasil* de 23 de maio último, o editorial "Amizade perigosa", onde o articulista, baseado nas informações telegráficas sobre o discurso de Rykov no V Congresso dos Sovietes, mete o pau na política exterior do governo soviético. É o que se pode chamar um artigo verdadeiramente "gozado" para quem o leu aqui, bem perto do Kremlin...

Não estou pensando absolutamente em comentar o sentido ou a orientação desse editorial, que não podia deixar de ser o que é. Quero apenas salientar os pequenos erros de fato nele contidos. Citemos: "No Congresso do Partido Comunista Russo, o sr. Rykov"... que "desempenha a função de presidente da comissão executiva da república dos sovietes"... e "é a mais alta autoridade do país"... etc. Aí temos três erros palmares:

1º) — O Congresso em questão não era do Partido Comunista, mas dos Sovietes, o que é coisa muito diversa. O telegrama da UP publicado no mesmo número do *Jornal do Brasil* — e que serviu de base ao articulista — era aliás bem claro, pois informava que o que estava reunido era o "Congresso dos Sovietes de Todas as Rússias" (se bem que "Todas as Rússias" — não seja tradução fiel de "URSS");

2º) — O camarada Rykov é presidente do Conselho dos Comissários do Povo e não da Comissão Central Executiva, o que é diferente;

3º) — Ainda o referido telegrama explica, com exatidão, que o Congresso dos Sovietes é "a maior autoridade política do país". Inexato é, pois, afirmar, como fez o articulista do *Jornal do Brasil*, que é Rykov essa "maior autoridade".

Esses erros são em si mesmos bem pequenos. Mas são grosseiros erros de fato que revelam — que provam — a mais completa ignorância das coisas da URSS e ao mesmo tempo a superficialidade com que são elas tratadas pelos jornais "sérios" marca *Jornal do Brasil*. E são assim os jornalistas da burguesia, cujo ofício consiste em "opinar" sobre todas as questões deste mundo, principalmente sobre aquelas que eles ignoram. A burguesia ordena que eles mintam, deturpem, deformem, mistifiquem, caluniem, sempre que escrevam acerca da República Proletária; e se a burguesia o ordena, melhor o fazem os escribas sem pejo, lacaios da grande imprensa capitalista...

Moscou, 30 de junho de 1929.

IV – "A bandeira da paz é a bandeira dos sovietes"

Ademais da questão do plano econômico de cinco anos, ponto central da ordem do dia do V Congresso dos Sovietes, este último tratou ainda de outros assuntos de grande importância, entre eles o da situação política exterior da União Soviética.

Longo, mas interessantíssimo, foi o discurso do relator dessa questão, o camarada Rykov, presidente do Conselho dos Comissários do Povo. Não me aventuro a resumi-lo, numa simples carta, pelo temor de uma deformação que seria inevitável com o restringir a amplitude de suas perspectivas. Creio mais acertado fazer alguns comentários e anotações descritivas em torno dos problemas mais importantes tratados pelo relator.

Dois dias após o discurso pronunciado pelo camarada Rykov, a *Pravda* publicava um editorial sob o título "A Bandeira da Paz é a Bandeira dos Sovietes", o qual terminava pelas seguintes palavras:

> A existência da União Soviética constitui uma grande força de proteção da paz internacional. A União Soviética é precisamente o país cuja política serve, em grande parte, de garantia para a paz e impede maior complicação militar dos acontecimentos. Nossa luta pela paz é um atributo natural do nosso Estado. Ela é ditada pelos mais profundos interesses do trabalho pacífico dos operários e camponeses; ela é ditada pelas grandes tarefas criadoras do período de reconstrução que estamos atravessando atualmente; ela é ditada pelo internacionalismo proletário mais profundo, que o poder soviético inscreve em sua bandeira.

A União Soviética, com efeito, é o *único* país do mundo que luta *efetivamente* pela paz. Por quê? Porque essa luta é um *atributo natural* do Estado proletário. Dizer que a União Soviética luta pela paz é, portanto, afirmar uma verdade axiomática.

Justamente o contrário é que se pode dizer dos países capitalistas. Estes fingem desejar a paz. É só ver o que eles *fazem* pela paz: a farsa da Liga das Nações, os tratados, protocolos, pactos, convenções, etc. — isto é, *papéis*. Trapos de papéis. Os ministros assinam papéis com promessas de paz e ao mesmo tempo mandam construir novos couraçados, aumentar ainda mais os armamentos, aperfeiçoar a técnica dos engenhos de guerra. Por quê? Porque a guerra é um *atributo natural* próprio do Estado capitalista. Enquanto existirem os Estados capitalistas, as guerras serão inevitáveis. Os Estados capitalistas são a organização política de um regime de concorrência econômica, de antagonismos de interesses, de lutas pela conquista de mercados. Ora são estes, exatamente, os únicos fatores de guerras entre os povos. A "luta pela paz" dos Estados capitalistas não passa, pois, de rematada hipocrisia de ministros e diplomatas. Só a União Soviética luta *de fato* pela paz — porque este é o seu interesse supremo. A União Soviética luta pela implantação do regime socialista, isto é, do regime que é a negação de toda concorrência econômica, de todos os antagonismos de interesses, de qualquer intento visando conquistar mercados — regime de *cooperação* que é a negação da guerra.

Tais as teses fundamentais sustentadas magistralmente, com abundância e vigor de argumentos, pelo camarada Rykov: a luta da União Soviética pela paz e a preparação da guerra pelos Estados capitalistas.

Há oito anos que a Liga das Nações "preocupa-se" com a questão do desarmamento. Durante esses oito anos, os diversos órgãos da Liga das Nações realizaram nada menos de 121 reuniões e assembleias para "tratar" do problema do desarmamento, tendo tomado onze resoluções. As atas e os documentos concernentes a essas 121 reuniões e assembleias enchem a bagatela de 14 mil páginas[5]... Esses números provocaram os seguintes comentários de Rykov: "até ao presente, não se conseguiu ainda economizar um único soldado, um único cruzador, nem mesmo um único cartucho. Mas 14.000 páginas foram escritas. Esta formidável capacidade de trabalho nada mais fez, em suma, que desperdiçar uma enorme quantidade de papel". O estenograma do discurso registra as risadas com

---

[5] Isto até 1929. Daí para cá decorreram cinco anos bem puxados, durante os quais a Conferência do Desarmamento prosseguiu na infindável tarefa de multiplicar as suas reuniões, assembleias, resoluções e atas. E não terminará senão quando rebentar a nova guerra mundial.

que o Congresso aprovou, merecidamente, os comentários humorísticos de Rykov...

*

Numa das últimas semanas de 1927 reunia-se a 4ª Seção da Comissão Especial de Desarmamento criada pela Liga das Nações. A União Soviética fazia-se representar pela primeira vez. O chefe da Delegação Soviética, o camarada Litvinov, apresentou um projeto de desarmamento geral e integral. Foi um escândalo, cuja repercussão em todo o mundo não está esquecida. Pois quê! Apresentar um projeto de *desarmamento* a uma comissão de *desarmamento*!... A máscara dos comediantes, que representavam os Estados capitalistas, foi posta abaixo pelo punho rijo dos representantes do Estado proletário.

Naturalmente, o governo soviético não tinha ilusões a respeito das intenções dos "desarmamentistas" da Liga das Nações. Mas era preciso confrontar, de maneira visível para toda a gente, a atitude dos Estados capitalistas e a atitude do Estado proletário em relação ao problema do desarmamento.

Nos estatutos da Liga das Nações há um parágrafo segundo o qual a redução dos armamentos em cada país deve ser condicionada pela exigência de "um mínimo de armamentos compatíveis com a segurança nacional e com o cumprimento das obrigações internacionais contraídas pelos aderentes". Foi apegando-se a tal parágrafo que a comissão do "desarmamento" repeliu o projeto de Litvinov. Este último, em nome do governo soviético, apresentou um novo projeto de desarmamento parcial e gradativo, perfeitamente de acordo com o referido parágrafo dos estatutos da Liga das Nações. A comissão do "desarmamento", não havendo outro parágrafo a que se apegasse, não pôde furtar-se a examinar a nova proposição soviética. Esse exame durou treze meses! — e ao cabo dos treze meses foi o segundo projeto de Litvinov igualmente repelido. Por quê? Porque sim. Porque a comissão do "desarmamento" representa uma farsa e nada mais.

*

O pacto Kellog foi assim uma espécie de satisfação indireta que as potências imperialistas deram à opinião mundial desapontada. Era preciso fazer um gesto "pacifista" que reacendesse ilusões desfeitas pela não aceitação, por parte da comissão do desarmamento, dos projetos soviéticos. Que o pacto Kellog não era nem é coisa séria, não pode haver a menor dúvida, exceto para os cegos que não querem ver. Basta considerar, por exemplo, as reservas feitas pelos diversos Estados capitalistas que o firmaram. Demais, o pacto Kellog não oferece nenhuma garantia real, efetiva, concreta contra o perigo de novas guerras.

Apesar disso, o governo soviético o assinou também. Foi mesmo o primeiro a fazê-lo. Por quê? Porque era preciso antes de mais nada tapar a boca dos que pudessem vir a dizer que a União Soviética se negava a subscrevê-lo porque não desejava a paz. Mas o governo soviético fez ainda melhor. Prevendo que o pacto Kellog demoraria a entrar em vigor — previsão que os meses estão confirmando —, ele propôs a todos os Estados vizinhos que assinassem o pacto mesmo antes de sua ratificação pelas grandes potências. Essa iniciativa teve pleno êxito com a assinatura do protocolo de Moscou, a 9 de fevereiro último, pela União Soviética, Polônia, Estônia, Letônia, Rumânia e, mais tarde, a Turquia, a Pérsia, a Lituânia e a Cidade Livre de Dantzig.

É assim, trabalhando de fato em favor da paz, que a diplomacia proletária do país dos Soviets contesta aos parlapatões e farsantes da diplomacia imperialista. A bandeira vermelha da União Soviética é a mesma bandeira da paz fraternal entre os povos da terra. E só haverá paz verdadeira na terra quando a bandeira vermelha tremular aos ventos livres como única bandeira de todos os países...

Moscou, 15 de junho de 1929.

"Maurício" (representante da IC) e Mário Grazini atrás, Astrojildo e pessoa não identificada à frente, em Moscou, março de 1929. Arquivo ASMOB/IAP/CEDEM.

OS RESULTADOS DO PRIMEIRO PLANO QUINQUENAL

I

Lloyd George, no seu já famoso artigo sobre o Plano Quinquenal, que ele caracterizou qualificando-o de "tarefa tão grandiosa como a história jamais viu outra que lhe seja comparável, pela magnitude e pela audácia", escreveu que o governo soviético, se conseguir, na aplicação do Plano, "somente um êxito aproximado, já terá realizado uma obra sobre-humana". Esta é hoje afinal a opinião generalizada no mundo inteiro, a começar pelos círculos da grande burguesia, sempre bem-informada acerca da verdadeira situação em que se encontra a URSS. Nas colunas do *Economist* de Londres, nas assembleias dos magnatas da indústria "*yankee*", nos institutos econômicos da Alemanha, ninguém mais ri, nem desdenha da "utopia" planejada pelos "fantasistas" da Gosplan. A realidade mostrou que o Plano Quinquenal está sendo aplicado na prática não só com "um êxito aproximado", mas com êxito integral, ultrapassando mesmo as previsões estabelecidas[1].

---

[1] O Plano será ultrapassado não só no que se refere ao volume da produção, mas ainda porque o ritmo de sua execução vai sendo mais acelerado do que havia sido previsto. Em seu conjunto, o Plano Quinquenal estará realizado ao cabo de quatro anos e mesmo, em certos ramos da indústria, ao cabo de três anos. A este propósito, o VI Congresso dos Soviets, reunido em Moscou durante meados de março último, tomou a seguinte resolução: "O Congresso nota com satisfação que o Plano Quinquenal foi executado além das previsões, no decorrer dos 2 primeiros anos. Os êxitos alcançados no terreno da edificação socialista e da economia agrícola, a liquidação do 'chômage', a introdução da jornada de horas, o melhoramento do bem-estar dos trabalhadores, tudo

Os dados concernentes aos resultados obtidos durante os dois primeiros anos de execução do Plano não deixam a menor dúvida a esse respeito. Eles podem ser enfeixados em seis grupos básicos:

1) *A renda nacional*: segundo os cálculos previstos, devia atingir, durante os dois primeiros anos, um total de 58,3 bilhões de rublos; na realidade atingiu 59,5 bilhões, acusando, pois, um aumento de 6%.

2) *A produção total da indústria*: segundo as previsões do Plano, a indústria dirigida pelo Conselho Superior de Economia Nacional devia produzir um total equivalente a 29,3 bilhões de rublos; na realidade, produziu o total de 30,5 bilhões, isto é, 4% a mais[2].

---

isso prova a possibilidade de execução do Plano Quinquenal em 4 anos e mesmo em 3 anos nos principais ramos da indústria. — O Congresso considera que o ano corrente será decisivo para a realização final do programa do Plano Quinquenal; será o ano de terminação da edificação socialista na URSS — O Congresso pede à classe operária e a todos os trabalhadores da URSS, para cumprirem a tarefa seguinte no prazo máximo de 10 anos: alcançar e ultrapassar os países capitalistas hoje mais adiantados que a URSS do ponto de vista técnico e econômico".

[2] Eis um quadro pormenorizado dos resultados obtidos nos principais ramos da indústria, durante os dois primeiros anos de aplicação do Plano Quinquenal:

	Previsões do Plano	Produção real
	Em milhões de rublos	
Indústria pesada	12.476	18.704
Indústria eletrotécnica	588	781
Construção de máquinas agrícolas	472	515
Construções industriais	3.990	4.605
	Em milhões de toneladas	
Nafta	28	30,6
Aço	9,9	10,2
Laminadores	7,6	8,3

Convém notar igualmente que a produção anual de toda a indústria fabril da URSS já no ano econômico de 1929-1930 ultrapassava em mais do dobro a produção global anterior à guerra. Informações recentes nos dizem que durante o primeiro trimestre deste ano de 1931 começaram a funcionar 121 novas empresas industriais importantes de eletricidade, carvão, petróleo, metalurgia, construção de máquinas industriais e agrícolas, fabricação de serrarias. A produção diária de petróleo, durante o mês de março último, atingiu a média de 58 mil toneladas, quando a média prevista para 1932-1933 era de 57 mil toneladas.

3) A *coletivização da agricultura*: até 1º de dezembro de 1930, mais de 6,15 milhões de "economias rurais" (sítios, estabelecimentos agrícolas), equivalendo a 24,1% do total das economias rurais existentes no país, já estavam reunidas em "kolkhoz"; nos territórios decisivos da produção de trigo, a proporção da coletivização atinge 49,3%; os "sovkhoz" cobrem uma área superior a 6 milhões de hectares; a superfície semeada pelos "kolkhoz" em 1930 alcançou 43,4 milhões de hectares, quando a previsão para o último ano do Plano (1933) era apenas de 20,6 milhões; a parte do setor socializado ("kolkhoz" e "sovkhoz") na produção do trigo-mercadoria atingiu 50% em 1930, quando se previam 43% para 1933[3].

---

[3] Eis o que disse o camarada Yakovlev, Comissário do Povo para a Agricultura, no seu relatório apresentado ao VI Congresso dos Sovietes, em março último:
"Durante os anos de 1928, 1929, 1930 e no começo de 1931, o número de pequenos estabelecimentos rurais reunidos em 'kolkhoz' se desenvolveu do seguinte modo: 400.000 em 1928, 1 milhão em 1929, 6 milhões em 1930 e 9.343.100 até os primeiros dias de março de 1931. 9 milhões de pequenos estabelecimentos, representando pelo menos 30 milhões de camponeses, se convenceram pela própria experiência das vantagens do 'kolkhoz'. Relativamente às áreas cultivadas pelos 'kolkhoz', as cifras seguintes foram obtidas: 2 milhões de hectares em 1928, 6,5 milhões em 1929, 43 milhões em 1930, e 65 milhões de hectares serão semeados segundo o plano para 1931. Este fato de se decidirem os membros dos 'kolkhoz' a semear na primavera de 1931 a metade de toda a cultivada da URSS mostra, melhor que outra qualquer demonstração, que o movimento de coletivização resolve a tarefa mais difícil que se apresentava diante da ditadura do proletariado, diante do poder operário e camponês. Toda essa massa de camponeses, que se reuniu aos 'kolkhoz' em 1930, viu suas rendas aumentadas pelo menos uma vez e meia. Tal se verifica porque os membros dos 'kolkhoz' sabem utilizar os seus cavalos uma vez e meia ou duas vezes melhor que o camponês individual, porque sabem aplicar os melhoramentos agrotécnicos e por isso mesmo aumentam as colheitas de 10 a 15% em relação às colheitas do camponês individual. Em lugar de 1 só parque de máquinas e tratores existente por ocasião do V Congresso dos Sovietes, em 1930 existiam 159 desses parques, ademais das colunas de tratores, lavrando 2 milhões de hectares. No começo deste ano, 1.200 parques estão organizados e já concluíram contratos para semear 17 milhões de hectares. No fim do ano haverá 1.400 parques de máquinas. Durante o primeiro ano de seu desenvolvimento de massa, os 'kolkhoz' venderam ao Estado três vezes e meia mais de trigo do que os 'kulaks' em 1926-1927 e uma vez e meia mais do que os antigos proprietários rurais. Que significa tudo isto? Que significa o desenvolvimento dos 'kolkhoz', paralelamente ao desenvolvimento dos 'sovkhoz'? Significa que nós nos tornamos o de produção agrícola mais avançado, mais poderoso do mundo".

4) As *inversões de capital* nos setores socializados da economia nacional (na indústria, nos transportes, nos "sovkhoz", nos "kolkhoz", etc.): 12,7 bilhões de rublos deviam ser colocados, conforme determinava o Plano; na realidade colocaram-se 13,8 bilhões, o que significa um acréscimo de 9%.

5) Os *orçamentos do Estado*: o Plano previa, para os dois primeiros anos, um total de 17 bilhões de rublos; essa previsão foi consideravelmente ultrapassada, atingindo na realidade o total de 21 bilhões, portanto 24% a mais.

6) Finalmente, as *condições de vida* dos operários: os salários aumentaram de 12% durante os dois primeiros anos, sendo que já no primeiro semestre de 1930 eles eram de 135% superiores aos salários de antes da guerra; no fim do segundo ano do Plano, 45,5% dos operários da indústria trabalhavam sete horas por dia, e a semana de cinco dias beneficiava-os numa proporção de 67%; e, o que é verdadeiramente extraordinário, já não existe mais "chômage" na União Soviética, quando o próprio Plano previa para o último ano de sua aplicação a cifra de 400 mil operários ainda sem trabalho[4].

> Os "sovkhoz" crescem com ímpeto não menor. Em 1930, o *Zernotrest* (Trust dos cereais) organizou 175 "sovkhoz" para cultura de cereais em catorze regiões da URSS, principalmente na Sibéria, no Baixo Volga, no Médio Volga, no Cáucaso do Norte, no Extremo Oriente, na Bachkíria, etc.

[4] Não só no terreno puramente material melhoram as condições de vida dos operários soviéticos. Nem há comparação possível entre o que é hoje a situação intelectual do operário russo e a que existia nos tempos do tzarismo. Atualmente, as universidades e as escolas técnicas estão abarrotadas não apenas pela juventude proletária, mas também por milhares de trabalhadores adultos. 30 a 50% dos operários das fábricas frequentam, depois do trabalho, cursos técnicos para melhor se aperfeiçoarem. As edições de livros escolares, técnicos, científicos, políticos e literários alcançam tiragens inimagináveis entre nós: só as Edições do Estado publicaram, em 1930, 460 milhões de exemplares de livros e brochuras e 130 milhões de revistas e publicações periódicas. Uma nova edição popular do *Capital* de Marx (três rublos), cuja tiragem atingiu 100 mil exemplares, foi esgotada em pouco tempo. Grandes edições são feitas das obras mais famosas de Hegel, Descartes, Spinoza, dos materialistas franceses do século XVIII, etc. Toda a literatura clássica russa e mundial é reeditada aos milhões. Ora, parece evidente que as edições se multipliquem porque há leitores para os livros editados...

Tais, em resumo, os resultados essenciais alcançados durante os dois primeiros anos de execução do Plano gigantesco. São resultados acima de todo otimismo, que respondem claramente à questão histórica: quem vencerá — o socialismo ou o capitalismo? Eles estão demonstrando, na prática indiscutível, a superioridade do sistema socialista sobre o sistema capitalista.

Através de todas as dificuldades, a economia soviética desenvolve-se com um ritmo sem precedentes. Segundo estatísticas organizadas pela Liga das Nações, para o período de 1925-1929, o maior aumento proporcional obtido na produção industrial, por um país capitalista, o Canadá, exprimiu-se pela porcentagem de 54%, enquanto na URSS esse aumento atingiu a cifra porcentual de 240%. A produção de aço e de ferro no mundo inteiro, durante aquele período, aumentou de 30%, enquanto na URSS o aumento foi, para o ferro, de 370% e, para o aço, de 270%. Consumo de algodão no mundo: 12%; na URSS, 197%. O máximo de consumo de eletricidade registrado em país capitalista não foi além de 80%; na URSS, esse consumo subiu a 125%.

Depois da crise começada em 1929, a produção industrial tem baixado enormemente em todos os países capitalistas, na seguinte proporção para os dez primeiros meses de 1930: nos Estados Unidos, de 18,6%; na Grã-Bretanha, de 8,4%; na Alemanha, de 14,2%; na Polônia, de 26,2%; só na França foi computado um pequeno aumento de 2,5%. Enquanto isso, na URSS se verificou, para o mesmo período, um aumento de 25%.

Na URSS, já o vimos, não existe atualmente falta de trabalho; pelo contrário, há mesmo falta de braços para a indústria. Nos países capitalistas do resto do mundo, o número dos sem-trabalho atinge, nestes primeiros meses de 1931, a nada menos de 30 milhões de operários.

O confronto é esmagador, Mas de onde vem a superioridade, que os fatos estão comprovando vantajosamente, do sistema socialista sobre o sistema capitalista? Vem do seguinte: no sistema capitalista, sistema de propriedade privada, a produção se faz anarquicamente, segundo os interesses contraditórios e antagônicos dos diversos grupos, "trusts", consórcios, sindicatos de capitalistas; no sistema socialista, sistema de propriedade coletiva, a produção se faz coordenadamente, segundo um plano geral tendo em vista os interesses de toda a coletividade. O capitalismo é empírico. O socialismo é científico. O Plano Quinquenal de industrialização da URSS vem a ser precisamente o primeiro grande ensaio de coordenação científica da economia, produção e consumo, de todo um país. O êxito de sua execução, já em meio da jornada, vale pela contraprova prática da superioridade do regime coletivista sobre o regime individualista. Ele demonstra, igualmente, a possibilidade de edificação do socialismo num só país, refutando, por conseguinte, de modo definitivo, a teoria contrária sustentada pelos trotskistas.

> Os últimos anos marcaram um tempo de provas práticas, um período de exame para os dois sistemas opostos, soviético e capitalista. No decorrer destes anos muitas profecias foram feitas, acerca da "perda" e da "falência" do sistema soviético. Muito mais ainda se falou da "prosperidade" do capitalismo, fazendo-se o seu elogio em todos os tons. E que foi que aconteceu? Estes anos mostraram, uma vez mais, que o sistema capitalista é *inconsistente* e que o sistema soviético apresenta *vantagens*, com as quais nenhum Estado burguês, mesmo o mais "democrático", o mais "popular", etc., poderia sequer sonhar.[5]

Naturalmente, são as massas trabalhadoras da URSS as que em primeiro lugar compreendem, sentem e desfrutam as vantagens oferecidas pelo sistema soviético. O seu heroico sacrifício dos anos terríveis da guerra civil e da restauração econômica vai sendo agora fartamente compensado. Com o mesmo entusiasmo ardente com que ontem se batiam na frente militar, elas se bateram em seguida e continuam a bater-se hoje, com redobrada energia, na frente econômica. O seu apoio ao Partido Comunista dirigente e ao governo soviético, que é o seu governo, é a bem dizer unânime. Um visitante insuspeito, o americano Ivy Lee, enviado à URSS pela Standard Oil, assim se exprimiu, de volta aos Estados Unidos: — "Onde encontrar as razões da

---

[5] Stálin, no *Relatório* apresentado ao XVI Congresso do Partido da URSS.

tranquilidade reinante na União Soviética senão no fato de serem as necessidades do povo desse país realmente satisfeitas pelo governo soviético? Os soldados e a polícia seriam incapazes de a impor. Os milhões de soldados de que dispunha o tzar não puderam assegurar a paz do país contra as massas em revolta".

A igual dedução chegam todos os viajantes honestos que têm visitado a URSS, nestes últimos anos. Outra não é a dedução que se tira do insuspeitíssimo *Economist*, que publicou há alguns meses todo um suplemento dedicado à situação interna do país soviético, baseando-se nas informações colhidas e verificadas "sur place" por um correspondente especial para ali enviado. Estabelecendo o paralelo entre as condições demográficas da Europa e as da URSS, o referido correspondente escreveu o seguinte:

> O crescimento anual líquido da população da Europa sem a União Soviética eleva-se a 2,5 milhões para uma população de 370 milhões, enquanto na Rússia o aumento é de 3,5 milhões para uma população de 150 milhões. Ora, o fato significativo consiste em que este crescimento acelerado, líquido, provém, não do aumento da natalidade, mas da diminuição da mortalidade. Durante os três anos de 1911 a 1913, a natalidade foi, na Rússia, de 46,8 por mil; durante os três anos de 1926 a 1928, ele foi de 40,0 por mil. Os algarismos correspondentes da mortalidade são de 30,5 antes da guerra e de 17,4 durante os anos de 1926 a 1928. Por consequência, se o crescimento natural da população foi em 1913 de 16,3 por mil, ele era de 22,6 por mil em 1926-1928.

Não pode haver depoimento mais decisivo que este para provar como o governo bolchevista, melhor que os governos capitalistas da Europa arquicivilizada, sabe cuidar do bem-estar das massas populares. Não sendo, portanto, de estranhar que essas massas, satisfeitas com o governo que possuem, lhe deem todo o apoio. E é daí, principalmente, que vem o entusiasmo fecundo com que se trabalha na execução do Plano Quinquenal. O redator do *Economist* não pôde ocultar a profunda impressão que lhe causara quanto lhe fora dado apreciar, no decorrer de sua "enquete", concluindo, honestamente, que "tão ampla e tão radical é a transformação que se opera na indústria, na agricultura, nas relações sociais e culturais que a própria revolução de outubro parece um simples episódio dramático".

Posso dar também, a esse respeito, o meu testemunho pessoal. Residi em Moscou durante quase todo o ano de 1929, precisamente o primeiro ano de aplicação do Plano Quinquenal. Tive tempo bastante para ver e avaliar o esforço imenso desenvolvido pela massa operária em geral, sob a direção do Partido Comunista, no sentido de realizar o Plano gigantesco. Toda a imprensa soviética — desde os grandes diários até as menores publicações periódicas — dedica sempre a maior atenção ao estudo, ao debate e à autocrítica dos resultados que se vão obtendo na execução do Plano. Milhares de cartazes, de gráficos, de esquemas, de mapas — com uma arte de propaganda, divulgação e educação em que os russos são mestres insuperáveis — popularizam as ideias do Plano, suscitando o interesse, alimentando o entusiasmo, incentivando a iniciativa e a emulação das mais largas massas pela obra formidável de industrialização do país. Nasceu, assim, dentro das próprias fábricas, o movimento das "brigadas de choque", organização que logo abarcou milhões de operários, vanguarda enérgica e robusta de um proletariado que se sente finalmente dono das riquezas criadas pelos seus braços vigorosos.

É claro que, sem a participação ativa das massas, o Plano de industrialização não poderia jamais ser realizado. E uma tal participação seria absolutamente impossível se o governo soviético não tivesse o apoio das massas trabalhadoras, e estas não o apoiariam se não estivessem satisfeitas. Mas essa é exatamente uma das características fundamentais do regime soviético: o seu governo é um governo proletário saído e diretamente do seio das massas, que se confunde com as massas, que vive com as massas e para as massas, e tudo quanto ele faz, sendo em benefício exclusivo das massas, é feito com o apoio consciente e decidido das massas.

Reside nisso o "milagre" da realização do Plano Quinquenal, de que este livro de Grinko[6], um dos seus elaboradores, constitui a melhor, mais completa e mais documentada exposição.

São Paulo, março de 1931.

---

[6] Trata-se da famosa obra *O Plano Quinquenal na URSS*, cuja tradução brasileira foi editada e reeditada pela Empresa Editora Nacional "Lux" (São Paulo, 1931), que me pediu que redigisse estas notas, acrescentadas ao volume como posfácio.

II

Os dados precedentemente reunidos sobre os resultados do Primeiro Plano Quinquenal alcançam até ao fim de 1930, quando ainda faltavam dois anos, 1931-1932, para terminar a execução do Plano. Devo completá-los com algumas notas finais, alcançando até ao fim de 1932, pelas quais se veja que foi realmente completo o êxito obtido na realização das tarefas do Plano, que na prática virou quadrienal, visto que intensivamente ultimado em quatro anos. Estas notas servirão também para desmanchar certas calúnias espalhadas pelo mundo acerca da situação atual na URSS. Como vem a ser cada vez mais difícil negar aquele êxito, os inimigos da URSS lançam mão de outros meios para apoucar e desacreditar a vitória formidável do governo soviético: dizem que este último vai recuando dia a dia, abandonando o seu primitivo programa socialista e voltando aos velhos métodos... capitalistas. São muito curiosos estes adversários do comunismo: antes, atacavam os bolchevistas porque ousavam planejar a edificação do regime socialista na URSS; agora, continuam a atacá-los porque eles vão "recuando" para o capitalismo... Porém contra fatos nunca houve nem há argumentos que valham. Vamos, pois, aos fatos, concretamente.

Em 1928, no início do período quinquenal, a produção industrial da URSS comparada com a sua produção agrícola não ia além de 48%, menos de metade. No final do período em questão, 1932, essa correlação subia a 70%, quase três quartos. É incontestável, portanto, que a URSS se transformou de país agrário, que era antes, em grande país industrial, que é hoje. A indústria siderúrgica, as construções mecânicas, a fabricação de automóveis e de aviões, a produção química, a fabricação de máquinas agrícolas modernas, a produção de energia elétrica, a extração e industrialização em alta escala do ferro, da hulha, do petróleo, da nafta, etc., que não existiam antes ou quando existiam eram insuficientíssimas, fazem da URSS atual uma das grandes potências industriais do mundo. Cumpriu-se assim, de maneira verdadeiramente impetuosa, uma das tarefas fundamentais do Plano. O que fez o austero *Le Temps*, de Paris, órgão por excelência antissoviético, exclamar constrangido que o comunismo superou de um salto a etapa construtiva que em regime capitalista é preciso percorrer a passo lento...

Na agricultura, a URSS, que era um país de pequena exploração camponesa, tornou-se o país de maiores organizações agrícolas no mundo inteiro. Mais de 60% das explorações camponesas, ocupando mais de 70% das terras antes cultivadas individualmente, foram agrupadas em mais de 200 mil "kolkhoz", além da organização de perto de 5 mil "sovkhoz", aumentando-se de 21 milhões de hectares a superfície das terras semeadas. Esses algarismos atestam que o programa agrícola do Plano Quinquenal foi triplicado na realidade. E graças a essas realizações, pode hoje a armazenagem de cereais abarcar 1.200 a 1.400 milhões de "puds" por ano, em lugar de 500 a 600 milhões jogados no mercado quando predominava o trabalho camponês individual. Os "kulaks" estão desarmados como classe e os trabalhadores dos campos estão libertos do jugo da exploração kulakista. Aplainada a diferenciação rural em "kulaks" e camponeses pobres e liquidado o "chômage" nas indústrias, isto significa a supressão efetiva da miséria e do pauperismo nos campos.

No fim do período quinquenal, o número de operários e empregados na grande indústria dobrou comparativamente a 1928, ultrapassando assim de 57% as previsões do Plano. O aumento da renda nacional, portanto da renda dos operários e camponeses, atingiu em 1932 a 45,1 bilhões de rublos, ou seja, um acréscimo de 85% sobre 1928. O salário anual médio dos operários e empregados da grande indústria aumentou de 67% relativamente a 1928, ou seja, um acréscimo de 18% além das previsões feitas no Plano. Os fundos destinados aos seguros sociais cresceram na seguinte proporção: de 1.050 milhões de rublos em 1928, passaram a 4.120 milhões em 1932, ou seja, um acréscimo de 292% em quatro anos, 111% mais do que fora previsto. O desenvolvimento da alimentação pública de mais de 70% dos operários dos principais ramos industriais sextuplicou em relação às previsões do Plano.

No concernente à extensão do comércio soviético, os seguintes algarismos são registrados: a produção da indústria teve (objetos de consumo) aumento de 187%; o comércio a varejo em 1932 vendeu 39,6 bilhões de rublos, correspondendo a 175% mais de mercadorias do que em 1928; a rede comercial das cooperativas e do Estado teve multiplicadas as suas lojas e os seus postos de venda em número de 158 mil, estendendo-se igualmente o comércio dos "kolkhoz" e as armazenagens de produtos agrícolas.

Uma pequena amostra dos resultados obtidos no terreno da ação cultural: 97% da população soviética atual sabe ler e escrever, o que quer dizer que o analfabetismo baixou na URSS a 3%, porcentagem dos países mais adiantados. 28 milhões de crianças frequentam as escolas soviéticas. Perto de 1,25 milhão de filhos e filhas de operários e camponeses frequentam as universidades.

Eis aí a linguagem dos fatos. Foi depois de os analisar, perante a sessão plenária comum do Comitê Central e da Comissão Central de Controle do Partido Comunista da URSS, reunida em janeiro deste ano, que Stálin assim concluiu o relatório em que dava balanço aos resultados do Primeiro Plano Quinquenal:

1. O balanço das realizações do Plano Quinquenal deu por terra com as asserções dos estadistas, políticos e economistas burgueses e social-democratas, segundo as quais este Plano era pura fantasia, delírio, sonho irrealizável. Os seus resultados nos mostram que ele é um fato realizado.

2. Os resultados do Plano Quinquenal destroem o célebre credo burguês, segundo o qual a classe operária é incapaz de construir qualquer coisa de novo, sendo capaz somente de destruir o que existe. Estes resultados mostraram que a classe operária é capaz não só de destruir as coisas antigas como também de construir coisas novas.

3. Os resultados do Plano Quinquenal destruíram a tese social-democrática, segundo a qual é impossível edificar o socialismo num só país separadamente. Eles mostraram que é perfeitamente possível edificar sociedade socialista num só país, pois que a base econômica desta sociedade já se acha estabelecida na União Soviética.

4. Os resultados do Plano Quinquenal destruíram a afirmação dos economistas burgueses, segundo a qual o sistema capitalista de gestão é o melhor, sendo qualquer outro sistema instável e incapaz de resistir à prova das dificuldades oriundas do desenvolvimento da economia. Eles mostraram que o sistema de economia capitalista é que é instável, já viveu o seu tempo e deve ceder o lugar a outro sistema de economia, de grau superior, o sistema soviético e socialista de gestão, e que o único sistema capaz de vencer as crises e superar as dificuldades insolúveis para o capitalismo é o sistema soviético de gestão econômica.

5. Enfim, os resultados do Plano Quinquenal mostraram que um partido é invencível se sabe em que direção conduzir a sua obra e se não teme as dificuldades.

A objeçãozinha reponta rogo: tais fatos e tais conclusões pecam por sua origem oficial; queremos o testemunho de gente insuspeita. Pois bem. Aí vão alguns atestados insuspeitíssimos.

Da *Round Table*, revista burguesa de Londres:

> As realizações do Plano Quinquenal constituem um fenômeno surpreendente. As. fábricas de tratores de Kharkov e de Stalingrado, a fábrica de automóveis *Amo* de Moscou e a de Nijni-Novgorod, a estação hidroelétrica do Dniepr, as fundições grandiosas de Magnitogorsk e de Kuznietsk, toda uma rede de usinas de construções mecânicas e de produtos químicos no Ural, que se vai tornando o Ruhr soviético — todas estas realizações industriais, e ainda outras tantas que se esparramam por todo o país, demonstram que a indústria soviética, a despeito de todas as dificuldades, cresce e se torna cada vez mais forte, como planta bem regada... O Plano Quinquenal lançou as bases do desenvolvimento futuro da URSS e contribuiu enormemente para aumentar a sua força.

Do *Financial Times*, órgão burguês também de Londres:

> Não é possível pôr em dúvida os sucessos alcançados na indústria das construções mecânicas. Não há exagero algum na exaltação destes sucessos através da imprensa e dos discursos. Não devemos esquecer que a Rússia de outrora só fabricava máquinas e utensílios dos mais simples. É verdade que

mesmo agora as cifras absolutas da importação de máquinas e utensílios acusam certo aumento; mas a proporção das máquinas importadas em comparação com as que são fabricadas na URSS baixa de mais em mais. — A URSS fabrica atualmente todos os utensílios necessários à sua indústria metalúrgica e elétrica. Soube criar a sua própria indústria automobilística. Organizou de modo completo a produção de utensílios e instrumentos de trabalho: desde os minúsculos de alta precisão até aos prelos mais pesados. No que se refere às máquinas agrícolas, a URSS já não depende mais das importações estrangeiras. Por outro lado, o governo soviético tem tomado medidas para que os retardamentos na produção do carvão e do ferro não impeçam a realização do Plano Quinquenal em quatro anos. É incontestável que as imensas usinas recentemente construídas vão assegurar considerável aumento na produção da indústria pesada.

Da *Neue Freie Presse*, jornal burguês de Viena: "Podemos maldizer o bolchevismo; não, porém, escondendo a verdade. O Plano Quinquenal é um novo gigante, a que é preciso dar atenção e que é necessário levar em conta do ponto de vista econômico".

De *The Nation*, revista burguesa americana:

> Os quatro anos do Plano Quinquenal produziram realizações verdadeiramente notáveis. A União Soviética se consagrou com intensa atividade, própria do tempo de guerra, à edificação das bases... de uma vida nova. A fisionomia do país transforma-se literalmente, a ponto de não poder ser reconhecido... Dá-se isto em Moscou, com as suas centenas de ruas e praças asfaltadas de novo, com os seus novos edifícios, com os seus novos bairros e o seu cordão suburbano de novas fábricas. Dá-se isto igualmente nas cidades de menor importância. Novas cidades surgiram nas estepes e nos desertos, não algumas cidades isoladas, mas pelo menos meia centena de cidades povoadas por 50.000 a 250.000 habitantes. Estas cidades surgiram todas durante os últimos quatro anos e cada uma delas forma o centro de uma nova empresa ou de uma série de empresas construídas para explorar os recursos naturais da região. Centenas de novas estações elétricas fornecem energia a regiões inteiras, e toda uma série de gigantescas empresas, como o Dnieprostroi, torna realidade, gradualmente, a fórmula de Lênin: "O socialismo é o poder

soviético mais a eletrificação"... A União Soviética organizou a produção em massa de considerável quantidade de objetos que a Rússia de outrora não fabricava: tratores, máquinas agrícolas modernas, aços extrafinos, borracha sintética, motores Diesel poderosos, turbinas de 50.000 quilowatts, aparelhos telefônicos, máquinas elétricas para a indústria mineira, aeroplanos, automóveis, caminhões, bicicletas, aparelhos para soldagem elétrica, além de algumas centenas de tipos de novas máquinas... Pela primeira vez na história, a Rússia extrai de seu subsolo o alumínio, a magnesite, a apatite, o iodo, a potassa e numerosos outros produtos de valor. — Não são mais as grandes cruzes e as cúpulas das igrejas que servem agora de pontos de referência nas planícies soviéticas, mas os elevadores de trigo e as torres-silos. Os "kolkhoz" constroem casas, estábulos, etc. A eletricidade penetra nos campos atrasados, que o rádio e os jornais já conquistaram. Os operários aprendem a trabalhar nas máquinas mais modernas. Os jovens camponeses constroem e usam máquinas agrícolas maiores e mais complicadas que as de uso na América. A Rússia começa a "pensar máquinas". A Rússia passa rapidamente do século da madeira ao século do ferro, do aço, do cimento e dos motores.

Da revista inglesa *Forwards*, reformista antirrevolucionária:

O imenso trabalho de edificação realizado na URSS é coisa que salta aos olhos. Novas fábricas, novas escolas, novos cinemas, novos restaurantes, novos clubes, novos edifícios colossais — por toda a parte novas construções. Muitas delas já terminadas, outras ainda cercadas de andaimes. É difícil relatar aos leitores ingleses tudo quanto se fez durante estes dois últimos anos e o que se acha em via de execução. É preciso ver tudo isto para crer. As realizações que registramos durante a guerra não passam de bagatelas em comparação com o que se faz na URSS. Os americanos reconhecem que mesmo no período de mais intensa febre construtiva nos Estados do Oeste nada se oferecia de comparável à febril atividade criadora da URSS dos nossos dias. Durante os dois últimos anos foi este país teatro de tantas transformações que a gente renuncia a imaginar o que ele será em dez anos... Limpai o cérebro de todas as histórias fantásticas, terrificantes, estampadas pelos jornais ingleses, que empregam tamanha tenacidade e dizem tanta tolice em suas calúnias contra a URSS. Limpai também o cérebro dessas semiverdades e impressões baseadas na incompreensão, postas em circulação por intelectuais diletantes, que olham a URSS do alto, através das lunetas da classe média, mas não fazem a menor ideia do que se passa ali... A URSS constrói uma nova sociedade sobre sólidos alicerces. Para atingir este objetivo há naturalmente riscos a correr, é preciso trabalhar com entusiasmo, com uma energia sem precedente no mundo inteiro, e é preciso lutar contra enormes dificuldades, inevitáveis quando se quer construir o socialismo num vasto país isolado do resto do mundo. Após ter visitado este país pela segunda vez, passados dez anos, eu tenho a impressão, porém, de que ele enveredou pelo caminho do progresso sólido, que ele traça o plano, cria e constrói, e tudo isso em tão alta escala que é um desafio fulgurante ao mundo capitalista hostil.

E agora, para terminar, a opinião pessoal de um capitalista inglês, Gibson Garvy, presidente do United Dominion Bank:

> Devo desde logo declarar que não sou nem comunista, nem bolchevista, mas um capitalista e individualista convicto... A Rússia progride no momento em que muitas das nossas fábricas estão inativas e quando quase três milhões de indivíduos, entre nós, procuram trabalho desesperadamente. Zombou-se do Plano Quinquenal e profetizou-se a sua falência. Ficai certos, porém, de que os russos realizaram mais do que aquilo que fora estabelecido... Em todas as cidades por mim visitadas, vi novos quarteirões, construídos segundo um plano determinado, com largas ruas e praças arborizadas, com edificações do tipo mais moderno, com escolas, hospitais, clubes operários e as inevitáveis "creches" e casas para crianças onde são cuidados os filhos das mães operárias... Não penseis em subestimar os planos russos, e não cometais o erro de esperar que o governo russo possa ser derrubado... A Rússia de hoje é um país dotado de uma alma e de um ideal. A Rússia dá provas de espantosa atividade. Eu creio que as aspirações da Rússia são sadias... O mais importante, talvez, é que toda a juventude e todos os operários da Rússia de agora têm uma coisa que infelizmente falta nos países capitalistas — a esperança.

Parece que basta de transcrições.

Rio Bonito, novembro de 1933.

Itália

Poster de Sergei Igumnov, 1937.

O DESCALABRO FASCISTA

I – O fascista "arrependido" Georges Valois

Quantos acompanham a vida política e mental da França, sobretudo no período posterior à grande guerra, conhecem forçosamente a figura de Georges Valois, publicista, livreiro e político, organizador e chefe do Fascio francês, cuja atividade social foi, durante certo tempo, das mais intensas.

Entusiasta de Mussolini e da obra fascista, que pretendia aplicar à França, Georges Valois foi a Roma, em 1926, para ver, sentir, apalpar de perto os resultados práticos da política econômica, financeira e social do "*duce* magnífico". Foi, viu, sentiu, apalpou... e enjoou. "Convidado — escreve ele — a ir a Roma para conversar acerca das finanças italianas, pude verificar que o fascismo (e Mussolini, em particular) sustentava as ideias mais estapafúrdias sobre a organização financeira de um Estado moderno." Começou aí o seu... "arrependimento". "Nossas primeiras dúvidas sobre o fascismo — continua — são dessa época. Um ano mais tarde, nós nos afastávamos a grandes passos de um fascismo definitivamente posto ao serviço da plutocracia. Em 1928, finalmente, repelíamos a denominação de 'fascistas...'" Em 1930, Valois publicou um livro, *Finances italiennes*[1], que é o mais terrível requisitório já formulado contra o fascismo. Trabalho de fascista... "arrependido", que se dispõe a reparar o próprio erro e se coloca "na primeira fila daqueles que denunciam a impostura

---

[1] Georges Valois, *Finances italiennes* (Paris, Librairie Valois, 1930).

fascista e concitam os europeus a coligar-se, a fim de sacudir o fascismo internacional para o museu da história…".

Pensamos que é dever não só dos europeus, mas dos homens de todas as latitudes, coligar-se para tal fim. Julgamos de grande utilidade, neste sentido, contribuir para divulgar as provas e documentos esmagadores, contidos neste livro, que está pedindo, urgentemente, uma edição brasileira (já está traduzido em vários idiomas, inclusive o nosso vizinho espanhol).

*

Georges Valois compôs o seu volume baseado nos algarismos e nos fatos constantes das estatísticas oficiais, publicadas pelo governo fascista, das publicações financeiras do Senado e da Câmara e bem assim dos relatórios anuais dos maiores bancos e mais importantes indústrias da península. A lealdade do autor é perfeita. Estribado nos próprios documentos fornecidos pelo fascio é que ele demonstra, irrefutavelmente, "a total falência econômica e financeira do fascismo".

Precisamente esta a feição mais impressionante do livro.

*

Mussolini, antigo agitador socialista, subiu ao poder levando em mãos um programa essencialmente demagógico. Programa impossível de ser realizado pelo fascio. "Ora, este programa — diz Valois — foi completamente abandonado por Mussolini e substituído por outro exatamente oposto."

Toda a vida de Mussolini é um rosário de incoerências, negações e contradições. Ele passou do extremo internacionalismo ao extremo nacionalismo. Da esquerda mais revolucionária para a direita mais reacionária. Do ateísmo mais desabusado ao papismo cento por cento. De republicano a mais realista do que o próprio rei. Em 1919, o fascismo aparecia como uma mistura louca de sorelismo, proudhonismo, sindicalismo, antimarxismo, tudo isso lambuzado de nacionalismo furioso. E ainda assim, na aparência. De fato, desde o primeiro dia de poder, o fascismo mussoliniano nunca foi outra coisa que empirismo sem qualquer sombra de escrúpulo posto ao serviço da reação plutocrática. O resultado desse empirismo desvairado vemo-lo na situação desastrosa em que se encontra a Itália de hoje.

> Em 1930 — escreve Valois — o fascismo se tornou um sistema de ditadura permanente que reconstruiu um Estado militar e policial, que pretende dirigir tudo, controlar tudo, vigiar tudo, que esmaga a economia sob o peso de um aparelho militar e policial mais pesado que o de qualquer outra nação, e que, não podendo encontrar na vida produtiva com que alimentar-se, é levado a buscar solução para a crise interna formidável numa aventura guerreira que lhe permitiria pilhar a Europa em benefício dos seus bandos armados, que ele foi obrigado a formar e a manter com grandes gastos, para sustentar um regime estranho às necessidades do trabalho.

As despesas militares do Estado fascista duplicaram em oito anos. Milícias especiais são de quando a quando criadas, acarretando novas despesas. O fascismo, atualmente, "gasta quatro vezes mais que o Estado francês nos serviços de ordem pública".

Nisto deu o antigo pacifista Benito Mussolini...

*

A propaganda fascista no exterior faz buzinar, pelas mil bocas de suas tubas mercenárias, que o Estado fascista é um Estado "modernista", a coisa mais nova, mais fulgurante, mais alegre, mais desportiva, mais saudável que já se fez na história do mundo em matéria de organização social. Os decadentes deste fim de era, que a si mesmos se apelidam de "modernistas", tecem louvaminhas histéricas ao *duce* fortíssimo, criador de um tal Estado. Almas de cortesãs... A realidade histórica é muito outra. Ouçamos a opinião do fascista "arrependido" Georges Valois.

O Estado fascista italiano, que, por momentos, manteve aparências de um Estado "futurista", para empregar o vocabulário de um revolucionário, Marinetti, também aderente a Mussolini, é, na verdade, o Estado mais "passadista" que se possa imaginar. É uma ressurreição do mais velho tipo de Estado militar. Não é sequer um tipo vizinho do Estado napoleônico, cuja estrutura administrativa não era má de todo, nem do Estado monárquico moderno, compromisso entre o Estado feudal e o Estado moderno. Sem querer forçar as comparações, somos levados a dizer que o Estado fascista em muita coisa lembra os Estados fundados pelos Bárbaros em seguida à queda do Império Romano. É verdadeiramente uma regressão formidável. E, com efeito, a ditadura de um bando, qualquer coisa como o estabelecimento de uma tribo germânica na Gália, reinando por todos os meios de violência sobre um povo de trabalhadores e escorchando-o de impostos para satisfação de suas próprias necessidades. Peço ao leitor para não supor, de forma alguma, que eu esteja forçando as expressões. A ditadura de Mussolini é, na realidade, a ditadura do Partido fascista, isto é, de um bando de partidários que fazem a lei acima da nação, acima dos que trabalham. Mussolini é o chefe deste bando; mas é também o seu prisioneiro. Há algumas dezenas de milhares de homens que reinam sobre a Itália pelo direito da bomba, do punhal, do revólver e do cacete. E que exigem do Estado antes de tudo que os alimente e os enriqueça por meios completamente estranhos à produção. É literalmente uma nova classe parasitária.

A transcrição foi longa; mas queremos crer que necessária e merecida.

*

Do livro de Valois se conclui:

1) que o fascismo, debaixo das palavras do mais moderno vocabulário, o que fez na realidade foi barrar o curso progressivo do Estado italiano, restaurando o mais velho aparelho econômico, político e social legado pelos bárbaros, portanto, incapaz de resolver os problemas contemporâneos;

2) que a restauração desse arcaico sistema forçosamente havia de arruinar, como de fato arruinou, a economia italiana;

3) que a Itália só encontrará remédio para as suas dificuldades atuais quando liquidar o fascismo e implantar um novo sistema em que o Estado seja o aparelho administrativo da produção e dos produtores livremente associados.

*

Vamos tentar resumir, capítulo a capítulo, na mesma ordem seguida pelo autor, os fatos e documentos magistralmente expostos no livro de Georges Valois, *Finances italiennes*. A tarefa é assaz modesta, se bem que não muito fácil, dado que o livro já é uma condensação de fatos e documentos; porém, o nosso intuito consiste unicamente em divulgá-los pelo grande público, e assim ajudar a desfazer a legenda da "prosperidade" implantada na Itália pelo fascismo.

II – Relações econômicas da Itália com o estrangeiro

A Itália sempre foi um país de balança comercial desfavorável, pagando o seu déficit com as receitas provenientes de três fontes: a) remessas de dinheiro da parte dos italianos emigrados; b) gastos dos turistas; c) fretes da marinha mercante.

Implantada a ditadura fascista, o déficit da balança comercial aumentou, de ano para ano, consideravelmente, ao mesmo tempo que as receitas de compensação baixaram não menos consideravelmente.

Eis as cifras dos déficits da balança comercial, em milhões de liras, segundo as estatísticas oficiais:

	Papel	*Ouro*
Média 1910-1913	968	968
1914	492	473
1922 (antes da ditadura)	5.067	1.240
1927	4.743	1.254

| 1928 | 7.513 | 2.047 |
| 1929 | 6.411 | — |

Aparentemente, melhorou a balança comercial de 1929 com uma diferença favorável de 1.102 milhões de liras; mas isto se deve à redução nas compras de trigo, no exterior, as quais haviam sido de 2.955 milhões em 1928 e foi somente de 1.718 milhões em 1929, ou seja, 1.197 milhões a menos. Essa redução se explica pelo fato da abundante colheita interna de 1929. Os turiferários cantaram epinícios a Mussolini, vencedor da "batalha do trigo". Mas a colheita de 1929 foi ainda mais abundante nos outros países, devido a causas puramente naturais e não à intervenção miraculosa deste ou daquele chefe de governo. Subtraindo-se o fator trigo, o déficit de 1929 seria aumentado de 135 milhões em relação ao de 1928. É que as exportações dos demais produtos, queijos, arroz, laranjas, automóveis, tecidos, que constituem a base do comércio exterior italiano, diminuíram enormemente.

Vejamos agora os dados referentes à queda nas rendas de compensação.

Mais de 9 milhões de italianos vivem no estrangeiro. Os seus envios de valores para a mãe pátria, nos tempos normais, atingiram até 700 milhões-ouro. Essas remessas estão reduzidas a cerca de 200 milhões anuais, nestes últimos tempos. Causas: de um lado, restrição à emigração; de outro lado, hostilidade ou desconfiança de grande parte dos emigrados em relação ao fascismo.

Outrora, os turistas estrangeiros que pululavam pela Itália aí gastavam cerca de 500 milhões de liras-ouro, anualmente. Hoje, reinando o "*duce magnífico*", esses gastos não vão além de 300 milhões. A carestia da vida é uma das causas que afugentam os turistas. Mas a causa principal encontramo-la no próprio regime ditatorial, baseado na violência, na espionagem, no *terror*.

Ouçamos Valois:

Quando se chega à Itália, tem-se a impressão de viver sob a vigilância da polícia. Espiões por toda a parte. — Em Roma, a polícia metropolitana, relativamente mais numerosa que todas as polícias europeias e americanas, vigia todo movimento. — Em todos os trens viajam agentes da Milícia Ferroviária, fardados: dois agentes ou mais, mosquete ao ombro, ameaçadores. Em cada estação, o mesmo espetáculo. — Nos hotéis, espionagem. O gerente e os criados são obrigados a informar à polícia a respeito de todos os viajantes. — A lei diz que falar mal de Mussolini é um crime... Os estrangeiros, nos hotéis, evitam referências a Mussolini. Os americanos e os ingleses contornam a dificuldade, nas conversas, designando-o com os nomes de Mister Brown, Mister Smith ou Mister Thompson: Que notícias me dá de Mister Smith? Mister Thompson continua sempre louco? Mister Brown continua cercado pelo mesmo bando?

Diminuem grandemente as visitas aos museus e galerias: entradas pagas durante os três primeiros meses de 1927, 227.740; de 1928, 190.611; de 1929, 161.015. Diminuem os viajantes nas estradas de ferro em 1926, 15.793.090 passageiros de 1ª e 2ª; em 1929, 14.282.019. Decadência das estações termais. Decadência do teatro. Observa o autor: "A tradicional alegria dos italianos desapareceu. Não se canta mais. A Ditadura pretende ser terrível e ameaçadora. Crimes. Gente armada. Paradas militares. Cortejos provocadores".

Os fretes marítimos baixam. As companhias de navegação debatem-se em crise. Os armadores livres, falidos ou retirados do comércio. As ações da Navegazione Generale Italiana que é a maior companhia marítima da península baixam de cotação. A proporção dos navios estrangeiros nos portos italianos aumenta sempre.

Falhadas as compensações normais para cobrir o "déficit" da balança comercial, o Fascio apela para os empréstimos no estrangeiro... "Embora imperialista e xenófoba, a Ditadura mendiga humildemente dinheiro ao estrangeiro..." Mais de 600 milhões de dólares foram assim obtidos pelo fascismo. Hoje, de fato, a Itália de Mussolini vive na dependência de Wall Street.

III – A situação do mercado e a falência dos bancos

Para documentar-se acerca da verdadeira situação bancária italiana, Georges Valois compulsou os mais recentes relatórios dos maiores bancos da Itália.

Em primeiro lugar, o relatório, apresentado à assembleia de 31 de março de 1930 da Banca d'Italia, o grande banco de emissão. Como já é da praxe nos relatórios de todos os bancos e empresas, desde o advento do fascismo, o documento em questão começa tecendo calorosos aplausos ao *duce* e ao regime. Depois, vem a relação dos fatos... O mercado italiano sofrendo as consequências da crise mundial. O estado precaríssimo da indústria italiana. A tiragem dos jornais diminuindo de mais em mais, o que vem afetar a indústria do papel. A produção agrícola desenvolve-se... demasiado: crise de superprodução. Durante o ano de 1929 (de resto mais favorável que o de 1930), 180 bancos renunciaram a receber depósitos (o que é uma forma de falência parcial), 63 se declararam em falência.

O relatório da Banca Commerciale Italiana foi apresentado à assembleia de acionistas realizada a 29 de março de 1930. Este é o maior banco italiano, dirigido pelo famoso financista judeu-germano-italianizado Toeplitz, grande banqueiro do nacionalismo integral fascista. O relatório começa tecendo calorosos aplausos... etc. etc. Depois... Crise agrícola. Crise industrial. Aumento das falências. Mal-estar profundo, mais que nunca. O capital e as reservas do banco atingem a cerca de 1.280 milhões de liras; mas os títulos do Estado, sobretudo o consolidado do Lictorio, e os títulos irrealizáveis representam uma soma muito mais elevada.

Depois da absorção da Banca Commerciale Triestina pela Banca Commerciale Italiana, quatro grandes bancos existiam na Itália: a Banca Commerciale Italiana, o Credito Italiano, a Banca Nazionale di Credito e o Banco di Roma. O Banco di Napoli e o Banco di Sicilia, que eram bancos de emissão, foram transformados e sofrem os mais pesados encargos do regime. A Banca Nazionale di Credito fez por fim fusão com o Credito Italiano, o que contribuiu para mais ainda aumentar o pânico, pois o novo estabelecimento funciona somente como banco de liquidação sem aceitar novos depósitos.

As assembleias destes dois últimos bancos realizaram-se a 19 de março de 1930. O relatório do Credito Italiano começa tecendo calorosos... etc. etc. Depois... Situação sombria. A colheita agrícola foi boa, mas os preços foram maus. A siderurgia aumentou um pouco a produção, mas isso prejudicou as indústrias mecânicas. Enormes dificuldades nas indústrias têxteis, cresce o "chômage". A estabilização da lira não fez diminuir os preços a varejo, como se esperava. Os salários baixaram. A cotação dos títulos diminuiu.

O Banco di Roma fez fusão também com o Banco di Napoli, para salvar este último de uma situação encrencadíssima. O relatório do Banco di Roma tem a data de 31 de março de 1930. Ele começa tecendo... etc. etc. etc. Depois... Informações sombrias sobre as condições das indústrias e da agricultura.

Segundo os relatórios destes e de outros estabelecimentos e também de conformidade com os documentos oficiais consultados por Valois, verifica-se que depois do advento do fascismo mais de oitocentos bancos e sociedades de crédito abriram falência total ou parcial, muitos deles não repartindo pelos credores mais que 10 ou 20%.

*

Vale a pena reproduzir, textualmente, uma das amostras de como começam os relatórios bancários, na Itália fascista.

Tomemos o texto do Banco di Roma, segundo a versão de Valois: "Convidamo-vos a elevar o vosso pensamento reconhecido e a oferecer as vossas homenagens aos artífices da nova grandeza pátria, aos condutores das novas forças do espírito e do trabalho, que alçam a Itália a manifestações sempre mais altas, à Augusta Majestade do Rei e ao Duce magnífico".

O fascista "arrependido" Georges Valois recorda, a esse propósito, aquela velha comédia veneziana, na qual um velho marquês exclamava:

— Eu tenho sífilis, asma, gota; sou cardíaco e anêmico; porém, à parte isso, estou admiravelmente bem.

É gozado.

IV – A crise da indústria

Companhias de navegação. Indústria das mais prósperas, noutros tempos. Depois do fascio, este negócio, base da vida em Trieste, Gênova, Veneza, só tem como compensação a crise e a falência. As ações da Navigazione Generale, que valiam antes oitocentas a novecentas liras, são hoje cotadas a quinhentas. A poderosa Cosulich teve que reduzir o seu capital e fazer fusão com o Lloyd Sabaudo, já preso por um empréstimo contraído na América, e suas ações de duzentas liras estavam a 84 no dia 24 de abril de 1930. — As ações da Navigazione Libera Triestina baixaram de quatrocentas para noventa liras, na mesma data. As construções navais em toda a Itália caíram de 220.021 toneladas em 1926 para 73.730 toneladas em 1928.

Grandes obras públicas. O fascismo gaba-se de haver feito construir os maiores aquedutos da Europa, como o das Puglie, a grande ferrovia *direttissima* Napole-Roma, os maiores lagos artificiais como o Tirso, a utilização hidroelétrica da Sila na Calábria. Ora, segundo Valois, "o grande aqueduto das Puglie está funcionando há mais de quinze anos; a *direttissima* Napole-Roma foi feita quase toda antes da guerra; o grande lago artificial do Tirso e a utilização da Sila vêm de uma lei Nitti-Sacchi antes da guerra".

Decadência da técnica. O fascismo fez estancar o espírito inventivo e amordaçou as iniciativas dos italianos. Os algarismos no *Annuario Statistico* de 1929, comparados com os do *Annuario* de 1912, são transparentes. Eis um pequeno quadro das patentes de invenção concedidas a cidadãos italianos antes e depois do fascismo: em 1910, 2.514 patentes; em 1924, herança do regime anterior ao fascismo, 10.387 patentes; em 1925 começa a decadência, com 6.162 patentes; em 1926 registraram-se somente 2.708; em 1927, 1.920; em 1928, 2.130. Menos que em 1910! As patentes concedidas a estrangeiros baixaram de 13.560 em 1924 para 3.309 em 1928. Progresso de rabo de cavalo. O mesmo gênero de "progresso" se verifica nas escolas técnicas: 43.432 alunos em 1923-1924 e 33,305 em 1928-1929. Ademais disso, calcula-se em 25.000 o número de operários qualificados de primeira ordem que emigraram da Itália depois do fascismo e devido ao fascismo.

Desemprego. As estatísticas oficiais que neste ponto só registram o estritamente inegável davam no fim de fevereiro de 1930 o número de 466.231 homens completamente sem trabalho. Esse número está hoje mais que dobrado, com 1 milhão garantido de "homens".

O capítulo das falências é de pura tragédia. Diz Valois: "a Itália fascista se tornou o país do mundo onde é maior o número de falências". O jornal comercial de Milão *Il Sole* publica quase diariamente colunas inteiras de falências. Eis um quadro delas, comparando-se a Itália com outros países europeus, antes e depois do fascismo, segundo as estatísticas organizadas pela Liga das Nações (média mensal das falências):

	1922	1924	1927	1929
Itália	321	607	886	1.076
Alemanha	256	516	472	821
Inglaterra	416	420	394	353
França	410	126	691	726

O ano de 1930 foi ainda mais trágico, mas o livro de Valois só alcançou até janeiro, com 1.214 falências só para a Itália. O quadro das letras protestadas não é menos terrível (*Annuario Statistico* de 1929):

		Por 1.000.000 habitantes
1922	306.703	797
1924	544.054	1.396
1927	747.972	1.886
1929	898.006	—

Só a cidade de Milão registra maior número de falências e letras protestadas do que toda a França: 139.347 protestos em 1925 e 212.645 em 1928.

Para Mussolini, segundo palavras textuais comunicadas pela agência Stefani, essa "epidemia de falências" marca um reerguimento da Nação. Farsa macabra...

Quanto à situação das estradas de ferro, o autor de *Finances italiennes* colheu os dados seguintes, que dispensam comentários: a rede ferroviária passou de 16.491 quilômetros em 1924-1925 a 16.608 em 1928-1929; em 1924-1925 foram transportados 11.911 milhões de toneladas quilométricas de mercadorias e em 1928-1929, 11.666 milhões; as despesas totais das estradas de ferro do Estado passaram de 3.997 milhões de liras em 1923-1924 a 4.628 milhões em 1928-1929; as despesas com o pessoal diminuíram de 2.832 milhões em 1923-1924 a 2.685 em 1926-1927 e a 2.495 em 1928-1929; estão sempre em serviço nas estradas de ferro italianas 2.858 milicianos e oficiais, que deram uma despesa média de 43.516 liras cada um em 1928--1929; em seis anos de administração fascista, as estradas de ferro do Estado contraíram no Tesouro do Estado dívidas no valor de 4.809 milhões de liras.

V – A situação financeira vista pelos fascistas

A finança fascista é uma... charada. Ninguém sabe ao certo, dentro e fora do país, qual é o verdadeiro "déficit" do orçamento italiano da era fascista. Valois qualifica o orçamento fascista de *"puzzle"*. Diz-se, por exemplo, num relatório parlamentar, calmamente, que uma renda de 1.402 milhões "só tem valor para os efeitos de contabilidade".

Três ministros puseram o fascismo à testa das finanças do Estado, durante estes anos de "éra nuova": De Stefani, Volpi, Mosconi. De Stefani, obscuro professor de economia, fracassou. Depois dele veio Volpi, conde Volpi di Misurata (este "condado" é uma aldeia africana...), Casanova dos dinheiros públicos. Valois afirma que Volpi é ainda mais espetaculoso que Mussolini.

"Quando ele voltou da América trazendo no bolso um acordo modestíssimo sobre as dívidas, os seus amigos o acolheram como herói nacional."

Sua gestão foi um ciclone. Mas, diz Valois, "Volpi nunca perdeu, nem ele, nem seus amigos. Sua fortuna é hoje imensa".

Pertence ainda a Valois esta caracterização do famoso ministro: "Nenhuma inteligência mais balcânica, nenhuma com tão grande espírito inventivo. Que admirável fantasia! Ninguém pode compreender patavina dos seus orçamentos". Depois de Volpi, Mosconi. Este foi chamado para apaziguar o espírito público. "Ele não possuía nenhuma ideia, mesmo aproximativa, dos fenômenos financeiros."

O restabelecimento da ordem financeira pelo fascismo é pura legenda. Malabarismo estatístico, em que o sr. Gini é emérito especialista. O fato, que o nosso autor assinala, é que "a dívida pública interior, que era de 74.496 milhões em 30 de junho de 1920, subiu a 88.031 milhões (lira valorizada) em 28 de fevereiro de 1930". Melhor que os *projetos* de orçamento falam os pagamentos efetivos *realizados*. Em 1928-1929, os encaixes do Estado foram de 19.447 milhões e os pagamentos de 22.741 milhões, de onde a diferença passiva de 3.294 milhões. Apenas. O desaparecimento dos "déficits" budgetários sempre resultou de truques mais ou menos hábeis, que escondem uma situação desastrosa sob a aparência da prosperidade. Que o digam os contribuintes italianos, que pagam os impostos mais pesados do mundo.

A conclusão do fascista "arrependido" Valois, neste capítulo, é a seguinte: "Os três ministros financeiros da Ditadura dizem mais que os quadros de cifras. Os antifascistas mais decididos e raivosos deverão guardar a mais amigável reverência sobretudo pelo sr. Volpi. Quando liquidada a Ditadura, ver-se-á que ele fez mais por destruí-la que todas as agitações subversivas".

VI – A aventura da estabilização

No seu famoso discurso de Pesaro, modelo insuperável de desvario político, pronunciado a 18 de agosto de 1926, Mussolini assim se exprimiu, arrogantemente: "Eu desejo dizer-vos que nós conduziremos com a maior firmeza a batalha econômica para defender a lira, e desta praça, a todo o mundo civilizado, eu digo que defenderei a lira até ao meu último suspiro, até à minha última gota de sangue". Este discurso foi relembrado pelo próprio Mussolini a 21 de dezembro de 1927, dia da publicação do decreto-lei da estabilização da lira.

Toda a imprensa da Itália, pró-fascista e ultrafascista (a única que lá existe), durante as duas semanas que se seguiram, esgotou a provisão dos adjetivos laudatórios e grandiloquentes em "íssimo", no auge do entusiasmo pelo *duce* magnífico da "quota novanta". Foram, na expressão de Valois, "duas semanas líricas". Porém, o duplo entusiasmo "lírico" durou pouco tempo. Nos termos do decreto de 21 de dezembro, a Banca d'Italia, banco de emissão, assumia a obrigação de converter as notas em ouro, na paridade estabelecida. Mas o fato é que essa conversão não se fez jamais, e apenas algumas semanas eram passadas, a 26 de fevereiro de 1928, um novo decreto anulava em parte o que havia sido tão retumbantemente prometido. O banco de emissão já não era mais obrigado a converter o papel em ouro. Não havia mais "gold exchange standard".

Georges Valois, que é pessoa entendida no assunto, estudou por miúdo a questão da estabilização mussoliniana, examinando e analisando as suas consequências práticas, e concluiu por defini-la nestes termos: "Estabilização absurda e paradoxal, unicamente feita de 'bluf', que custou uma perda de mais de três bilhões e meio de liras. Ela causou ainda a ruína do comércio exterior, a desordem econômica e a diminuição do crédito".

No momento da estabilização, a circulação na Itália era de 17.984 milhões de liras, baixando a 16.854 nos fins de dezembro de 1929; mas, durante o mesmo período, as reservas ouro e divisas estrangeiras, que montavam no começo a 12.075 milhões, caíram a 10.341 e em fevereiro de 1930 já estavam a 10.045 milhões. "Quer dizer, explica Valois, que a circulação, entre a data da estabilização e a do fim de 1929 diminuiu de 1.130 milhões; mas as reservas diminuíram de 1.734 milhões." O ouro voou, como aconteceu no Brasil durante o período da "estabilização" washingtoniana...

O orçamento francês de 1914 era de 5.191 milhões de francos-ouro; o italiano, de 2.556 milhões, ou seja, pouco mais de metade, sendo que a riqueza da Itália não vai além de um terço da riqueza da França. Em 1930-1931, o orçamento francês vai pouco além de 10.040 milhões-ouro, quase o dobro do que era antes da guerra. O orçamento italiano para o mesmo período foi fixado em 7.700 milhões-ouro, três vezes mais que o anterior à guerra e equivalendo a mais de três quartos do francês.

VII – A administração local

Antes da guerra, a Itália se subdividia em 69 províncias; depois da guerra, esse número foi elevado a 72 e, mais recentemente, a 92. O território nacional não aumentou com isso; aumentaram as despesas — e os lugares para novos burocratas fascistas. Sabe-se que foi abolida a eleição para os cargos locais de administração. Cada localidade tem o seu *podestá* nomeado pelo centro. São pequenos ditadores, que arrasam o patrimônio administrativo posto sob sua direção.

Extremamente escassos, naturalmente, são os dados relativos às finanças locais. Segundo publicação oficial referente ao ano de 1925, era a seguinte a situação financeira de todas as municipalidades italianas:

	Milhões de liras
Receita efetiva	4.109,9
Despesa efetiva	4.947,1
"Déficit"	**837,2**

De então para cá, é claro que tudo tem piorado enormemente, calculando-se agora o "déficit" anual em mais de 3 bilhões.

Mais precisas e mais recentes são as informações concernentes às dezessete maiores cidades do reino. Valois resumiu-as como se segue (em milhões de lira, papel e ouro):

Receita efetiva:

	Papel	Ouro
1925	1.674,9	345,9
1928	1.958,8	533,5
Despesa efetiva		
1925	1.768,6	365,2
1928	2.361,9	646,1
Déficit		
1925	93,6	19,3
1928	413	112,6

Os impostos locais aumentaram na seguinte proporção entre 1912 e 1928: 56% para as aduanas locais; 143% para as taxas de serviços públicos; 63% para as outras taxas. Idêntico, o aumento das dívidas. Entre 1º de janeiro de 1925 e 1º de janeiro de 1928, as municipalidades das capitais de província contraíram novos empréstimos no valor de 2.415 milhões de liras: e as administrações provinciais, no mesmo período, endividaram-se em mais 372 milhões.

Milão, administrada pelos Giampaoli e pelos Belloni, de triste fama, é o melhor modelo fascista de governo local. Antes do fascismo, o serviço das dívidas da grande cidade consumia 30 milhões por ano e consome hoje nada menos de 90 milhões, passando elas de 700 milhões em 1922 a 1.607 milhões em 1929. Receita da municipalidade em 1928: 413,9 milhões; despesa, 539,5 milhões; déficit, 125,6 milhões.

VIII – Os desperdícios nas administrações públicas

Escreve Georges Valois:

> Os chefes da Ditadura, que na sua maioria eram homens paupérrimos, há dez anos atrás, são hoje todos riquíssimos; todos eles vivem vida principesca, imitando o chefe. Ocupam-se em negócios, concessões, obras públicas, etc. Cerca de 2.000 pessoas, chefes e subchefes do regime, se aboletaram nos lugares mais importantes de senadores, deputados, representantes no estrangeiro, ou então como diretores de sociedades comerciais, bancos, etc. Constituíram de tal sorte uma formidável rede de interesses.

A administração pública, nos seus diversos ramos, se encontra nas unhas dessa nuvem de milhafres, que abateu sobre a nação como uma praga assoladora, a devorar tudo.

As milícias fascistas, colunas do regime, são um verdadeiro sorvedouro dos dinheiros públicos. A *milícia nacional* compõe-se de 125 legiões com um total de 304.815 homens (*Annuario Statistico* de 1929), e só ela devora 150 milhões por ano. A *milícia ferroviária*, que exerce a espionagem nos trens, possui em serviço permanente 345 oficiais e 2.500 milicianos, custando cada um, em média, 43.516 liras. Os espiões recebem mais altos vencimentos que os professores das universidades. A *milícia dos correios e telégrafos*, que exerce a censura postal, telegráfica e telefônica, compreende 31 oficiais e 421 milicianos. A *milícia portuária*, para a espionagem nos grandes portos, compõe-se de 25 oficiais e 485 milicianos. A *milícia florestal*, 377 oficiais e 3.311 milicianos. A *milícia rodoviária*, 28 oficiais e 344 milicianos.

Os *podestás* são em número de 7.623 para toda a Itália. Pelo menos, 4 mil fascistas vivem como chefes e organizadores das diversas instituições: *Avanguardisti, Balilla, Giovani Italiane, Dopolavoro*, etc. Finalmente, a pretensa organização sindical e corporativa ocupa... 5 mil indivíduos em postos remunerados. Segundo a *Relazione della Giunta Generale Del Bilancio*, apresentada à Câmara dos Deputados a 11 de fevereiro de 1929, as cifras seguintes foram gastas com o pessoal empregado do Estado:

	Milhões de liras
1922-1923	3.558,9
1924-1925	3.886,7
1927-1928	4.376,7

Aumento, num quinquênio, superior a 890 milhões. As pensões aos funcionários aposentados subiram de 359,8 milhões em 1922-1923 para 753,8 milhões em 1927-1928 registrando, pois, um aumento de 394 milhões.

Conclui Valois: "O fascismo estendeu em torno de si uma rede de grandes e pequenos interesses. Assim, 80 a 90 mil pessoas vivem do regime e enriquecem, enquanto o país empobrece. — A Ditadura formou uma classe parasitária que vive do regime e deve defendê-lo a todo custo. O próprio Mussolini está escravizado a esta organização parasitária: ele tiraniza o país, mas é, por sua vez, tiranizado por esse mundo de parasitas".

IX – A destruição do crédito

Crédito quer dizer confiança. Mas como ter confiança num regime de arrocho, como é o do fascismo, em que a nação fica entregue ao arbítrio de uma legião de goelas insaciáveis? O governo escapa a todo controle. Não há eleições. Todos os cargos da administração pública — e também das mais importantes instituições privadas, grandes empresas, bancos, jornais, etc. — são preenchidos por nomeação, vinda do alto.

O fascismo tem realizado uma obra sistemática de destruição do crédito, resumida por Georges Valois em cinco fases sucessivas:

1ª, de exagero das despesas e abusos do crédito. As sociedades por ações foram forçadas a aumentar o respectivo capital: 49.596 milhões em 1930 contra 28.418 milhões em 1924. Emissões abundantes. Os bancos obrigados a absorver enorme quantidade de títulos impossíveis de colocar no mercado. Esta foi a fase da "grande prosperidade".

2ª, de início das dificuldades, 1926. As falências sobem de 3.607 em 1922 a 7.095 em 1925 e a 10.954 em 1928. Letras protestadas durante o mesmo período: 193.104, 638.270 e 743.072, respectivamente. O Estado toma medidas severas; em vão...

3ª, de medidas ainda mais severas. Violação dos contratos do Estado. Depósitos forçados nas caixas econômicas. Malabarismos no Tesouro. Empréstimos do *Lictorio*. A "batalha do empréstimo" rendendo menos de 2 bilhões e meio, quando em época bem mais difícil, 1920, Nitti colocara 21 bilhões, numa única operação.

4ª, da abolição da liberdade de operações na Bolsa. Fase áurea do "conde" Volpi. "Todo o país sofre, menos os homens do regime, os quais, avisados a tempo, realizam fortunas enormes. O ministro das finanças Volpi torna-se imediatamente o homem mais rico da Itália. Os novos ricos pululam entre as mais altas personagens do fascio. Toda crítica é proibida e as casas de câmbio são obrigadas a agir segundo os interesses do governo."

5ª, das grandes dívidas contraídas no estrangeiro e da venda dos serviços públicos. Desastres sobre desastres. Não há confiança na política financeira do regime. Valois cita a opinião do *Wall Street Journal*, órgão da Bolsa de Nova York (26 de janeiro de 1929): "Do que está fazendo atualmente, a Itália se arrependerá uma única vez, isto é, para sempre. É difícil imaginar uma política mais completa de suicídio financeiro".

X – As dívidas externas

Excetuadas as dívidas de guerra, a Itália quase nada devia no exterior, até ao momento em que Mussolini subiu ao poder. Seis anos depois, as dívidas externas italianas subiam já a 600 milhões de dólares... Valois aponta as causas de tamanho endividamento: 1º) as desastradas manobras da estabilização; 2º) as despesas orçamentárias e a inflação dos papéis públicos e particulares; 3º) a propaganda do fascio no estrangeiro.

Eis um quadro dos títulos italianos colocados na Bolsa de Nova York, traçado de acordo com os algarismos colhidos na *Rivista Commerciale Italo-Americana*, órgão da Câmara de Comércio Italiana de Nova York:

Companhias ou Institutos	Milhões de dólares	Lucros %	Renda da emissão	Preço da emissão
Kingdom of Italy	100	7	7,48-7,47	94,5
City of Milan	30	6,5	7,19	92
City of Roma	30	6,5	7,21	91
Italian Pub. Util. Cr. Institute	20	7	7,60	93
Italian Credit Cons. For P. W. Série A	4,5	7	7,50-7,75	96,5
Italian Credit Cons. For P. W. Série B	7,5	7	7,40-7,50	95,5
Adamello Elec. Co.	6	7	7,40	95,5
Adriatica Electric	5	7	7,35	96
Italian Edison Série C	10	6,5	7	93,75
Italian Edison Série E	10	7	7,30	96,375
Ercole Marelli	2,5	6,5	6,75	97
Fiat	10	7	7,69	93
Isaco Elec. Co.	5	7	7,60	93,5
Isota Fraschini	1,5	7	7,87	95,5
Italian per il Gas	5	7	7	100
Italian superpower	20,25	6	6	100
Lloyd Sabaudo	2,4	7	7-7,45	100-93
Lombard Elec. Co.	10	7	7,50	94
Meridion. Elec. Co.	12	7,5	7,31	95,5
Montecatini	10	7	7,50	96,5
Piedmont Elec. Co.	4	5,5	5,375	99,375
Pirelli	4	7	7,15	98
United Elec. Service	6	7	7,625	92
Terni	12	6,5	7,35	90,25
Venetian Morgate Bank	5	7	7,45	95
Média		**7,28**		

A soma total destas dívidas monta a 342.108.210 dólares. Mas assim mesmo este quadro é incompleto, não figurando nele muitos outros títulos: Breda (7 milhões de dólares a 7%, emissão a 96,25), Sip (15 milhões), Edison de Milão, etc.

Depois de outras considerações neste capítulo, Valois cita as palavras de um "brooker" de origem italiana, Luigi Criscuolo, que trabalha na Bolsa de Nova York e conhece bem a situação dos negócios italianos na América. São palavras de um artigo publicado na revista ítalo-americana *Il Carroccio*, número de novembro de 1929. Diz-se aí que "os títulos públicos italianos dão de 7,56 a 8,35 por cento, enquanto os títulos dos outros Estados importantes dão de 6,01 a 7,21 por cento. A Itália se encontra colocada no mesmo nível dos países de segunda ordem. Por quê? Os americanos mostraram confiar no povo italiano. Mas não confiam mais no fascismo". Etc. Tais palavras, ditas por um financista burguês, de origem nacional insuspeita para os italianos, são concludentes. Não menos grave é a conclusão de Georges Valois: "As dívidas contraídas no estrangeiro, não destinadas a incrementar a produção, mas unicamente para sustentar as despesas de prestígio e para manter o curso artificial da lira, colocaram a economia italiana na dependência da finança americana".

XI – O acordo financeiro com o Vaticano

Vou traduzindo literalmente:

A Ditadura apresentou como uma vitória os acordos com o Vaticano: de fato, ela sacrificou importantes interesses nacionais em troca do aparente prestígio resultante do tratado.
São as seguintes as ideias essenciais que se depreendem dos documentos relativos a esse tratado:
1º. A Ditadura, visando vantagens na sua ação internacional, sacrificou os direitos do Estado e mesmo o caráter laico do Estado;
2º. O Vaticano obteve concessões que nunca pedira aos governos precedentes;
3º. A Ditadura pagou uma indenização bem mais importante do que a prevista no acordo entre o Vaticano de uma parte, a Alemanha e a Áustria-Hungria de outra parte (acordos Erzberger), relativamente à situação da Itália em face do Vaticano em caso de derrota militar;

4º. A ditadura não pôde pagar a indenização; apropriou-se, para tanto, de 1 bilhão de liras que pertenciam à Cassa di Depositi e Prestiti e constituíam a garantia dos depósitos ali feitos.

Aduzidas mais algumas considerações no mesmo sentido, apoiadas sobretudo no testemunho de Nitti, Valois finaliza este capítulo, tratando a seguir da organização do fascio no estrangeiro.

XII – A organização fascista no estrangeiro

Depois de mostrar, com os dados do próprio governo fascista, a que situação de ruína econômica e financeira a ditadura mussoliniana reduziu a Itália, o nosso autor denuncia à opinião do mundo o que é a organização da espionagem exercida pelo fascio no estrangeiro. Segundo a concepção fascista, os 10 milhões de italianos que vivem no estrangeiro devem pôr-se ao serviço do regime político instituído pela ditadura da camisa negra. Daí, a organização do fascio italiano no exterior, sob a direção do governo de Roma.

"Embaixadas, legações, consulados italianos no estrangeiro — escreve Valois — organizam os fascios e não raro estes fascios estão alojados nos edifícios dos consulados: espionagem e representação nacional se confundem." De tal sorte, "embaixadas e consulados foram transformados em agências políticas" e na realidade "os embaixadores e os cônsules não representam a Itália, mas unicamente o fascismo". É por isso que "os cônsules-gerais e os ministros são escolhidos não mais entre o pessoal da carreira, porém no partido fascista: antigos *squadristi*, às vezes criminosos acusados de assassínios, de roubos, representam a Itália fascista no estrangeiro". O nosso autor cita uma série de fatos, entre os quais o das provocações daquele Freddi que foi diretor do finado *Il Piccolo* e a quem o povo de S. Paulo obrigou a retirar-se apressadamente do Brasil.

Os agentes provocadores e espiões fascistas, sustentados pelo ouro de Roma, agem por toda a parte onde existe imigração italiana. A França, diz Valois, está cheia deles. E acrescenta:

O processo Ricciotti Garibaldi deixou provado que a embaixada italiana em Paris era um centro de espionagem e que o embaixador Romano Avezzana recebia pessoalmente a correspondência de espionagem. Ficou também provado que os famosos atentados contra os fascistas e mesmo o assalto à sede do fascio em Paris eram preparados por agentes provocadores fascistas. Ficou igualmente provado que altos funcionários da polícia fascista, como o comendador Lapolla, *questore*, ou seja, chefe de polícia provincial, viajava em França com quatro ou cinco passaportes com diferentes nomes falsos: Ortac, Pisacane, Novelli, etc., e não raro figurava como negociante de modas. Durante muito tempo foram cônsul-geral em Paris um indivíduo de nome Marchetti, general da gendarmeria italiana, e vice-cônsul em Nice um tal Spetia, comissário da polícia secreta, empregado na espionagem organizada pelo Ministério do Interior. Ainda em Nice, durante muito tempo, a espionagem, isto é, a organização dos movimentos fascistas era feita por um suposto negociante de modas, o qual na verdade era um alto funcionário do Ministério das Relações Exteriores de Roma.

Interessantíssima, pelo que apresenta de escusa e escandalosa, seria a história da espionagem fascista nos países estrangeiros. Trezentos milhões de liras, segundo Valois, são gastas anualmente pelo governo de Roma para custear o exército de espiões, agentes provocadores, informadores que o fascismo sustenta no estrangeiro.

O "ouro de Roma" é um fato. O "olho de Roma" também.

As informações que a respeito da organização do fascio no estrangeiro nos transmite Valois foram por este colhidas numa publicação oficiosa, o *Almanacco Italiano* para 1930 do editor Bemporad.

Logo depois do seu advento, o fascismo tratou da organização dos fascios no estrangeiro. Em 1924, eles eram cerca de 300; em 1925, eram em número de 464; em 1926, passavam já de 600. Segundo informações mais recentes, esse número baixou para 587, englobando um total de 128.870 pessoas. No começo, nenhum caráter oficial se emprestou a esta organização; mas depois, sem cerimônia alguma, abertamente, foi ela colocada na dependência do Ministério das Relações Exteriores e sua sede central estabelecida no Palácio Chigi.

Bastante longa é a lista dos funcionários fascistas empregados pelo governo de Roma na direção dos fascios organizados no exterior. Valois cita mais de 300 "secretários federais" estabelecidos em cerca de 80 países do mundo. Muito curioso é para nós observar que o Brasil vem a ser precisamente o país onde existe o maior número deles, 63. Bonito privilégio!

Escreve G. Valois:

> Nos Estados Unidos, depois dos grandes escândalos divulgados por Marcus Duffield, através das colunas do *Harpars Magazine* (novembro de 1929), e pelos grandes jornais, sobretudo *The World* de Nova York, *The Brooklyn Eagle* de Brooklyn, *The Baltimore Sun*, *The Chicago Tribune*, etc., graves declarações foram feitas no Senado pelos senadores Borah e Heflin, acerca das intrigas fascistas na América. O secretário de Estado, Stimson, ordenou se abrisse inquérito sobre o assunto. O embaixador da Itália, De Martino, foi obrigado a pronunciar um discurso no qual condenou a ação dos fascios nos Estados Unidos, e Mussolini mandou dissolver a sua organização em todo o território dos Estados Unidos da América.

E a seguir: "Partindo do fato de que há várias centenas de secretários federais e de empregados que dirigem as organizações fascistas no estrangeiro, sendo que cada qual deles dispõe de fundos não raro importantes, pode a gente imaginar o que custa esta propaganda, frequentemente envolvida em casos de provocação, e que se acha sob o controle das autoridades diplomáticas e consulares".

XIII – As colônias italianas

O fascismo realiza uma política exterior agressivamente nacionalista, expansionista, imperialista. Os fascistas vivem a sonhar com a restauração do Império Romano. Daí, como se tem visto, a sua ação desenvolvida em grande estilo nas colônias. Evidentemente, o "bluff" entra em dose reforçada nesse "grande estilo", mas é também inegável o reforço da exploração das populações coloniais, entregues à voracidade esfaimada e brutal de prepostos do *duce*.

Na verdade, as colônias italianas não valem muita coisa. As cifras seguintes foram extraídas por Valois do *Annuario Statistico*:

	Superfície em km²	Habitantes
Tripolitana	900.000	550.00
Cirenaica	600.000	225.00
Eritreia	119.000	393.00
Somália italiana	400.000	800.00
Giuba	90.000	100.000
Totais	**2.109.000**	**2.068.000**

Nisto, por enquanto, se resume o novo no Império Romano de além-mar. Custa caro, porém, no orçamento.

Ouçamos Valois: "No ano de 1923-1924, imediatamente depois do advento do fascismo, a despesa ordinária prevista no orçamento das colônias era de 186,1 milhões e a despesa extraordinária de 80,7 milhões. Em 1924-1925, o orçamento das despesas subiu a 410 milhões; em 1926-1927, a 619 milhões; em 1927-1928, a 636 milhões. O governo, preocupado com semelhantes despesas, decidiu limitá-las no orçamento de 1930-1931, consolidando-as".

Comparem-se estes algarismos com os que marcam as despesas do orçamento francês com um império colonial muito maior em extensão e população, menos de 400 milhões de francos, e tem-se uma ideia da exorbitância dos desperdícios fascistas.

XIV – A situação demográfica e o aumento da população

Os fascistas fomentam por todos os meios o aumento da natalidade. Prêmios são oferecidos às famílias mais prolíficas. O celibato é combatido inclusive por medidas fiscais, impondo-se pesados impostos aos que não querem casar-se. A imprensa da península fala constantemente, em largos títulos, da "Batalha da Natalidade". O próprio Mussolini tem escrito numerosos artigos e pronunciado outros tantos discursos nesse sentido. O argumento é sempre o mesmo, diz Valois: "a Itália deve *fazer explosão*, e para fazer explosão ela deve ficar superpovoada. A Itália deve apresentar-se em 1950 com 60 milhões de homens: para chegar a este resultado, é preciso limitar ou anular a emigração e aumentar os nascimentos".

Um dos artigos de Mussolini, intitulado *Il numero come forza* e estampado no *Il Messagero*, número de 26 de setembro de 1928, terminava com a seguinte conclusão: "Fascistas italianos! Hegel, o filósofo do Estado, disse que aquele que não é pai não é homem. Numa Itália beneficiada, enriquecida e disciplinada, isto é, fascista, há ainda bastante lugar para mais 10 milhões de homens. Sessenta milhões de italianos farão sentir o peso de sua massa e de sua força na história do mundo".

Qual tem sido, porém, o resultado dessa exaltada campanha pelo aumento da natalidade, toda ela ditada por uma política furiosa de expansionismo imperialista? Falem os algarismos:

CASAMENTOS

	Cifras absolutas	*Por mil hab.*
1922 (antes do fascismo)	365.460	9,4
1923	334.306	8,5
1924	306.830	7,8
1925	295.769	7,4
1926	295.566	7,5
1927	302.564	7,5
1928	285.089	7,0

NASCIMENTOS

	Cifras absolutas	*Por mil hab.*
1922 (antes do fascismo)	1.175.872	30,2
1923	1.155.177	29,4
1924	1.124.470	28,4
1925	1.109.761	27,8

1926	1.094.587	27,2
1927	1.093.772	26,9
1928	1.071.061	26,1

Algarismos terríveis. Tanto os casamentos como paralelamente a natalidade diminuem de modo constante, de ano para ano, depois da subida do fascismo ao poder. Verifica-se também, não há dúvida, certa diminuição da mortalidade; mas bem pequena diminuição, de resto em parte explicável pela diminuição da mortalidade infantil decorrente da própria baixa da natalidade. É o que deixa ver este outro quadro:

MORTALIDADE

	Cifras absolutas	Por mil hab.
1922 (antes do fascismo)	689.937	17,7
1923	654.844	16,7
1924	662.870	16,8
1925	670.296	16,0
1926	680.307	16,9
1927	639.843	15,8
1928	640.887	15,6

EXCEDENTE DA NATALIDADE SOBRE A MORTALIDADE

	Cifras absolutas	Por mil hab.
1922 (antes do fascismo)	485.935	12,5
1923	500.333	12,7
1924	461.600	11,7
1925	439.465	11,0
1926	414.280	10,3
1927	453.929	11,2
1928	430.174	10,5

A batalha pela natalidade foi, portanto, uma batalha perdida. O desenvolvimento da crise econômica se processa de maneira implacável contra a megalomania mussoliniana. A Itália "beneficiada e enriquecida" das promessas fascistas falhou completamente, e daí o temor dos casais em fazer aumentar as bocas famintas...

XV – Conclusões

Já no prefácio do seu livro dissera o autor de *Finances italiennes*: "A experiência está julgada. O fascismo está condenado pelas próprias finanças. E condenado a desaparecer. As nações europeias estão todas interessadas em vê-lo desaparecer o mais cedo possível. É absolutamente perigoso para a Europa ver um *condottiere* desviar do trabalho um grande povo, sistematicamente, para o lançar, por meio de contínuas excitações e de um sistema fiscal de loucos, na mais demente e mais criminosa das aventuras guerreiras".

Ao concluir o seu longo estudo, ele reafirma: "O regime fascista está condenado sem apelação. Vindo para pôr um paradeiro a desperdícios atribuídos à democracia, o fascismo em poucos anos conduziu à ruína financeira e econômica um país que entrara em convalescença... Vindo para libertar a nação dos 'políticos profissionais', o fascismo instalou no poder, acima de uma produção anemiada, uma nova classe de parasitas".

E, por fim: "O fascismo é a praga da Europa. A Europa não poderá verdadeiramente consagrar-se às obras da paz e da prosperidade, pela ciência, pelo trabalho e pela justiça, senão quando tenha perecido, na Itália, um regime que não é outra coisa senão o tipo mais arcaico de Estado policial e parasitário".

*

Eu estou longe de partilhar das concepções políticas e sociais de Georges Valois e, por conseguinte, não poderia estar de acordo com a linha por ele seguida na caracterização do fascismo. Valois, fascista "arrependido", opõe democracia e fascismo como antinomias inconciliáveis.

É esta a meu ver uma concepção completamente errônea. O fascismo na realidade não é outra coisa senão a ditadura cínica da burguesia, sem a máscara democrática, assim como a democracia outra coisa não é senão a máscara dessa mesmíssima ditadura. Em ambos os casos, ditadura de classe, ditadura ao serviço do grande capital. O fascismo não se estabeleceu na Itália, nem noutros países, contra a democracia burguesa, mas sim contra o proletariado. Para esmagar o proletariado revolucionário, antes que este último tomasse o poder ou se consolidasse nele.

Mas o livro de Valois, por sua documentação e por partir de antigo aliado do fascismo, pareceu-me ser excelente obra de combate ao fascio. A sua divulgação seria da maior utilidade em meios como o nosso, onde se pretende apresentar o regime da camisa preta como tendo regenerado a Itália, salvando-a da desordem e do caos. O testemunho do publicista francês é nesse sentido extremamente precioso, e ele prova que a situação italiana, na sua economia e na sua finança, isto é, nos domínios mais concretos da vida nacional, apresenta-se hoje muito pior do que era antes do advento do fascio. Com toda a propriedade se pode afirmar que a Itália escapou da moléstia para quase morrer do remédio... Não morreu, nem morrerá, felizmente, porque o proletariado ainda vive e prepara-se para a devida forra.

São Paulo, março de 1931.

Apêndice

O livro de G. Valois foi publicado em 1930. Teria melhorado a situação italiana depois disso? Teria o fascismo dado remédio à crise terrível? Qual nada. A situação piorou mesmo, e o fascismo não remediou coisa alguma. Dou a palavra ao publicista italiano L. Gallo, autor de recente artigo interessantíssimo sobre o assunto. Eis a versão literal do capítulo I desse artigo[2]:

> A crise econômica mundial atingiu e continua a atingir a economia nacional da Itália tão duramente quanto há atingido a economia dos outros países capitalistas. A parolagem fascista acerca do "terceiro sistema", do "Estado corporativo", do fascismo como novo regime superior ao capitalismo, etc., não pode refutar: a linguagem inexorável dos fatos e das cifras. As cifras e os fatos põem a nu toda a acuidade da crise na Itália.
> Verifica-se na Itália formidável queda em todos os índices de produção, comparativamente aos anos anteriores; e, paralelamente, um aumento incessante do "chômage" que abarca já este ano 1.229.000 homens, quantidade não alcançada até ao presente e que vai crescendo cada mês em comparação com o mês correspondente do ano passado. O número de desocupados aumenta de mês em mês este ano precisamente nos ramos da indústria a respeito dos quais proclama oficialmente o fascismo progressiva melhora. Em abril e maio aumentou a desocupação entre os operários agrícolas, quando a regra é que justamente nestes meses o número de desocupados costuma diminuir de modo sensível. Os índices do comércio interior baixaram de 15 a 25% nos cinco primeiros meses de 1933 (em alguns meses esta baixa atingiu mesmo 50 a 70%) comparados com os meses correspondentes de 1932. O volume do comércio exterior sofreu uma baixa de 13% no decorrer do mesmo período. No que concerne ao número de falências, a Itália ocupa o primeiro lugar entre os países europeus. O orçamento do Estado marca um "déficit" de mais de 4 bilhões de liras, além de que as despesas são cobertas na proporção apenas de 75%, porque, segundo lemos em declaração oficial, "em lugar de redução das despesas, o passivo do balanço aumentou mais ainda" — o que quer dizer

---

[2] "Le rétrécissement de la base du fascisme italien au sein des masses", em *L'Internationale Communiste*, Paris, n. 19, 1º out. 1933.

que aumentaram as despesas feitas para salvar os grandes capitalistas e para preparar a guerra. Debatendo-se a economia nacional em tais condições, não é difícil imaginar até onde vai a ruína da pequena e da média economia rural, e bem assim até onde vai o aumento dos impostos e das taxas.

Em meio das dificuldades crescentes da situação, os capitalistas só vêm uma saída: a redução constante dos salários e do nível de vida das grandes massas de trabalhadores. Já durante os últimos anos, foram efetuadas as seguintes reduções nos salários: entre os operários da indústria de produtos químicos, de 20 a 25%; na indústria da seda artificial, 20%, e em certas províncias redução suplementar de 18%; entre os operários vidreiros, de 30 a 40%; entre os operários têxteis, quatro reduções atingindo no conjunto 40%; entre os operários dos lanifícios, redução total de 27%; nas tecelagens de seda, 38%; na metalurgia, 23%; na construção civil, 30%; na indústria mineira, 30%, etc. A estas reduções de salários reguladas por contratos, "é preciso ainda acrescentar as reduções não previstas nos contratos e efetuadas arbitrariamente, sob as mais variadas formas, começando pela transferência dos operários para uma categoria inferior e terminando pela diminuição sistemática da tarifa no trabalho por peça, etc., isto é, formas de redução não compreendidas nos algarismos acima".

De tal sorte, "um operário da indústria de produtos químicos que antes ganhava 21,40 liras e que, segundo o contrato, deve receber atualmente pelo menos 16,45 liras, na realidade só recebe 14 liras; o operário de fiação, que trabalha com duas máquinas, ganhava antes 31,50 liras e devia receber depois da redução 24,90 liras, é pago à razão de 21 liras por dia e, em lugar de trabalhar com duas máquinas, trabalha com seis".

Estes algarismos e estas declarações não são colhidos em fontes nossas. São tirados de uma exposição do presidente dos sindicatos fascistas, o qual, no entanto, se esqueceu de juntar aos dados sobre a redução dos salários o montante das quotizações forçadas em benefício das organizações fascistas. Apressou-se ele em indicar que o rendimento do trabalho aumentou de 27%. Porém deixou de explicar que este aumento foi obtido em detrimento da saúde dos operários e ao preço de meio milhão de acidentes no trabalho num só ano, sendo que 150 mil somente na indústria metalúrgica, onde trabalham 300 mil operários. Esta monstruosa proporção de acidentes é confirmada pelas estatísticas que os próprios fascistas publicam. Sobre mais de 1 milhão de desocupados oficialmente reconhecidos (eles são na realidade em número muito mais elevado), apenas 200 mil recebem a miserável indenização de 3,50 liras por dia e ainda assim durante três meses no máximo. Os outros são condenados à fome ou então a magras esmolas distribuídas de tempos em tempos pelas organizações de socorro, as quais são financiadas por meio de quotas percebidas sobre os salários. Os sindicatos fascistas, que ademais das quotizações sindicais e das quotas obrigatórias recebem subvenções que montam a 200 milhões de liras por ano, não dão absolutamente nada aos desocupados. Eles consideram a indenização de *chômage* como coisa "humilhante, vergonhosa e amoral". As rendas dos sindicatos fascistas são gastas exclusivamente na manutenção do exército de burocratas e funcionários sindicais, que somam algumas dezenas de milhares de indivíduos.

Porém ao mesmo tempo e apesar da crise, os grandes capitalistas italianos, nos seus balanços anuais, não se cansam de gabar o governo e os sindicatos fascistas e também "o magnífico espírito de sacrifício" das massas, o que lhes permite reduzir as despesas de produção e manter no mesmo nível os seus dividendos. Estes dividendos sobem a 10 e 12%, e alguns capitalistas chegam mesmo a vangloriar-se de que seus dividendos "subiram no decorrer dos últimos quatro anos de 12 a 20%".

Tal é a natureza e tais são os resultados da "colaboração das classes" realizada pelo fascismo no Estado "corporativo". Tais são os traços fundamentais da situação econômica na Itália durante o primeiro semestre de 1933, após quatro anos de crise e dez anos de ditadura fascista.

Confere, linha por linha[3].

---

[3] Aqui vão mais alguns dados muito instrutivos, colhidos recentemente em artigos de dois publicistas brasileiros dos mais bem informados acerca da situação econômica mundial:

"Para o ano fiscal de 1934-35 o déficit no orçamento nacional fascista é de mais de quatro bilhões de liras e o esforço de regularização não conseguiu grande coisa. — O déficit na balança comercial é cada vez mais pronunciado e o sistema violento de restrição cambial e de *contingente* na importação não obteve nada de positivo. — Há queda da moeda e do encaixe metálico dos bancos oficiais. — Para reduzir o déficit, o Governo Fascista resolveu diminuir de 6 a 20%, conforme os casos, nos vencimentos dos funcionários públicos, realizou a conversão dos empréstimos externos, com a qual declara ter deduzido 800 milhões no serviço das dívidas, aumentou 50% nos impostos aos celibatários. Tudo isso não alcançou muito mais de um bilhão e persiste a diferença

E se há ainda quem duvide, vamos intimar o próprio Benito Mussolini em pessoa a depor. Perfeitamente. Aqui está.

Em artigo escrito em fins de dezembro de 1931 e divulgado pela imprensa do mundo inteiro, inclusive a do Brasil[4], escreveu o chefe do governo fascista italiano o que se segue:

> O dever do homem de Estado é fazer frente a esses problemas [resultantes da crise mundial], com franqueza e coragem, já que nos tempos de provação não devemos deixar-nos dominar pela indolência e pelo luxo, nem querer

de três bilhões. A dívida interna passou de 86.400.000.000 para 102.200.000.000 de liras, e o número dos sem trabalho registrados de 414.313 em 1922 a 1.132.257 em 1933. — A importação baixou de 22.113 milhões a 7.412 milhões e a exportação de 14.998 milhões em 1928 a 5.979 milhões". Bassanio (Vitor Viana), O "déficit" orçamentário e o regime político, no *Jornal do Commercio*, de 20 de maio de 1934.

"O orçamento geral de 1930-1931 registou o déficit de 896 milhões de liras. No exercício de 1931-1932 ascende o desequilíbrio a 4.274.000.000 de liras. A previsão orçamentária para 1931-1932 partira de um déficit de 1.413.000.000 de liras. Na realidade, porém, a execução da lei de meios italiana se processou de modo a agravar consideravelmente essa situação de desequilíbrio. Dois meses antes de findar o exercício, já o déficit subira a 3.388.000.000 de liras. Em nada melhorou a situação no exercício de 1933-1934, bem como as perspectivas que começam a definir os rumos do futuro orçamento, a principiar em 1º de julho de 1934. O "déficit" previsto para o exercício financeiro a terminar em 30 de junho próximo é de 8.088.000.000 de liras." — João de Lourenço, "Estudo sobre a situação orçamentária dos principais países", no *Diário de Notícias*, Rio, 6 de maio de 1934.

Estas páginas estavam em provas quando apareceu o documentadíssimo artigo de Hugh Quigley, "Fascism Fails Italy", *Current History* (n. de junho de 1984, p. 257-265). O economista inglês, técnico da reputação firmada, esteve pessoalmente na Itália, onde, ademais de ver o que se passava, colheu informes e dados estatísticos nas fontes mais seguras, e foi com o material assim provado e garantido que ele escreveu seu estudo, que vem a ser o mais frio e mais tremendo libelo ultimamente articulado contra o fascismo italiano. Sem conhecer talvez o livro de G. Valois, o publicista britânico, utilizando-se de informações mais recentes, confirmou-o brilhantemente, e eu não podia deixar de acentuar aqui qualidade a todos os títulos insuspeita de tão autorizado testemunho. Não faço novas citações para não alongar demasiado estas notas. De resto, mais de um jornal brasileiro comentou e citou trechos do artigo de Quigley, notadamente o *Correio da Manhã*, números de 6 de julho e de 30 de agosto de 1984.

[4] "As muralhas econômicas do mundo", *A Razão*, São Paulo, 17 jan. 1932.

fugir a responsabilidades. Não devemos consentir que aqueles que mais tarde cheguem ao poder sejam obrigados a suportar a carga toda. *Cumpre-nos, agora mesmo, tomar uma decisão e descobrir o meio de levantar a nação do seu depauperamento econômico, restabelecer as finanças, a indústria e a agricultura do país.*[5]

Obrigado, Mussolini Benito!

Esta confissão vale ouro. É o próprio *duce* quem nos diz que a Itália, depois de nove anos de "salvação fascista", continua enferma, a definhar de "depauperamento econômico", com as finanças escangalhadas, a indústria em petição de miséria, a agricultura na embira. Isto quer dizer, por conseguinte, irrefutabilissimamente, que o fascismo não salvou nem curou tal a pobre Itália de após-guerra, que o monstro bolchevista ameaçava engolir. Se ao cabo de nove anos de aplicação do "remédio" fascista, a infeliz continua no estado melindroso em que se encontra, conforme nos descreve o médico-assistente-chefe da coitada, o qual é ao mesmo tempo o inventor e manipulador daquela droga... salvadora, isso quer dizer, sem possível controvérsia, que o fascismo é na verdade uma droga de charlatães, que não só não cura como ainda faz o doente piorar[6].

É isto mesmo. O resto é publicidade. Olha só o telegrama distribuído pela *United Press* no dia 20 de abril do corrente ano:

---

[5] Os grifos são desta transcrição.

[6] Ainda a palavra de Mussolini confirmando do modo mais trágico a terrível confissão anteriormente citada. Eis a conclusão a que ele chegou, no grande discurso pronunciado na Câmara dos Deputados, sessão de 26 de maio último: "A conclusão só poderia ser esta: atingimos o fundo, desde há algum tempo. Pôde-se deduzir daí que não desceremos mais. Isto parece difícil. Só duas coisas podem acontecer: ou permaneceremos certo tempo no fundo ou então, pouco a pouco, voltaremos a subir. — Mas, na minha opinião, é preciso afastar a ideia de que aquilo que se chamava 'prosperidade' possa voltar. Aquela prosperidade que se torna o ideal da vida como se os homens não tivessem mais nada a fazer senão acumular dinheiro. Caminhamos talvez para um período em que a humanidade terá um nível de vida mais baixo".

Telegrama da Havas, no *Jornal do Comércio* de 27 de maio de 1934.

Paris, 20 (UP) — Nove governos europeus, exclusive o da União Soviética, despenderão este ano 602.000.000 de francos com a propaganda de suas teorias e política em suas colônias e países estrangeiros. As Américas, do Norte e do Sul, serão os campos de batalha favoritos desses propagandistas, o que quer dizer que aqueles milhões serão gastos numa tentativa de abalar a opinião americana. As cifras mostram que a Alemanha e a Itália são os que mais intensa propaganda própria farão, seguidos imediatamente pela França e pela Grã-Bretanha. As estatísticas foram tiradas do orçamento francês do Ministério do Exterior que vem de ser publicado. Segundo os dados desse documento oficial, as seguintes somas serão despendidas, direta ou indiretamente, em propaganda: Alemanha, 256.000.000 de francos; Itália, 119.000.000; França, 71.000.000; Grã-Bretanha, 69.000.000; Polônia, 26.000.000; Hungria, 23.000.000; Tchecoslováquia, 18.000.000; Iugoslávia, 13.000.000; Rumânia, 7.000.000.[7]

Rio Bonito, novembro de 1933.

---

[7] *Jornal do Brasil*, 21 abr. 1933.

Brasil

AUTOPHAGIA PROLETARIA

Em seu recente manifesto aos intellectuaes (*) — aos intellectuaes que pensam, e não aos "palhaços e charlatães, parasitas e peoventuarios do espírito" — Barbusse conclama ao dever os homens de intelligencia e pensamento, sabios, philosophos, criticos ou poetas; ao supremo dever, que a todas as consciencias honestas commanda, imperativamente, na hora actual do mundo, uma alta e clara actuação no drama humano que se precipita para um novo desfecho. O talento e o genio, na arte como na sciencia, têm sido, quasi sempre, até hoje, méros servidores do poder, ou escravos dos preconceitos, o que é a mesma coisa. Sainte-Beuve assignala, como uma das características dos apogeus classicos, esse accordo subserviente com os poderes constituidos. Os escriptores mais acclamados de cada época não passam, na generalidade, de indignos santificadores da moda reinante. Os não conformistas, os rebellados contam-se sempre "como excepção". Barbusse, ora com fraternal commoção, ora com vehemencia irada, chama á realidade historica os intellectuaes, apontando-lhes, com ardor de apostolo, a grave e gloriosa missão, que lhes incumbe, no drama contemporaneo da civilização: desbravar caminho, rasterar de luz a jornada trevosa, diffundindo e semeando a verdade, corajosamente, no interesse superior da ordem nova em gestação.

Duas forças luctam desesperadamente em torno de instituições milenares: uma que as quer conservar, outra que as quer transformar. "Nossa regra de conducta deve resultar de uma extensa e integral comprehensão do caracter que essa luta apresenta dentro da realidade actual." Os conservadores têm, a seu lado, a situação de facto, enraizada nos habitos e na indifferença passiva do maior numero. Elles têm, a seu lado, todo um vasto apparelhamento de dominação material e moral: a finança, o codigo, a caserna, a escola e igreja, a imprensa. Elles têm ainda, a seu lado, a ignorancia cuidadosamente mantida e dosada.

(*) "Le couteau entre les dents", edição da "Clarté", Paris, 1921. — O titulo vale por uma perfilhação e um tempo symbolica e reconheceante do typo caricatural do bolchevista creado pelos desenhistas da burguezia: typo de má catadura, hirsuto e feroz, com uma "faca entre os dentes".

das multidões, que lhes fornecem, simultaneamente, apoio cego e victimas innumeraveis. Ainda mais: os conservadores têm, nos chamados reformistas, seus mais habeis instrumentos de defesa e de ataque.

Barbusse desmascara, com logica implacavel, o jogo hypocrita dos reformistas. Estes, adherindo theoricamente ao plano de transformação social, preconizam a progressão da ordem presente á ordem nova por meio de etapas successivas. Guardam, assim, uma posição apparentemente intermedia. Apparentemente porque partem de um ponto de vista falsissimo, com seu programma de aperfeiçoamento gradual. As concessões feitas, neste sentido, pela olygarchia dominante, são sempre, por sua mesma natureza e origem, precarias, insignificantes, illusorias, momentaneas. O reformismo, these media, que seduz todos os espíritos médios, constitue, de facto, um excellente processo de defesa dos conservadores. Estes comprehendem, nos momentos de crise aguda, que é preferivel, em seu proprio beneficio, dar oito do que ser de perder o toutela. São abundantes os exemplos dessa politica anodina e contraproducente. Vimol-a applicada, em alta escala, na Italia, por occasião do grande movimento de Setembro do anno passado. Respondendo ao lock-out patronal, os metallurgicos de Milão tomaram uma resolução extrema e inedita nas lutas do proletariado: a occupação das officinas. A Italia toda trepidava, naquelle momento, sob forte pressão revolucionaria. O movimento extendeu-se e generalizou-se, assim, por toda a peninsula, em todas as grandes industrias e até nos campos, com uma rapidez fulminante. Era a hora propicia ao impulso decisivo contra o capitalismo. O governo estava e mostrava-se visivelmente impotente. A burguezia tomada de panico, sem forças de confiança para a resistencia, teria sido relativamente facil e até encurto o episodio inicial da revolução sonhada. Pois tudo isso se perdeu com a intervenção do reformismo. Os bombeiros reformistas se encarregaram de apagar o incendio. E apagaram, com a agua inocua do "contrôle operario". As consequencias dessa politica não tardaram: a reacção tomou pé, armou os scelerados do fascismo, organizou a piscina dos revolucionarios e deixou em projecto o... "contrôle operario".

Conclusão unica: o verdadeiro salvador da burguezia italiana não foi o conservador Giolitti, mas o reformista D'Aragona. Henri Barbusse define, numa formula concisa e exacta, o caracter fundamental do reformismo: "é a tragi-comedia da reacção". Depois da comedia do "contrôle", a tragedia do fascismo...

As situações culminantes da historia realizam este paradoxo sociologico: a simplificação extrema dos problemas mais complexos. Vivemos, um desses momentos. Para todos os multiplos e intrincados problemas politicos, economicos e moraes de nosso tempo, uma solução unica existe, simples e elementar: a Revolução. Revolução ou Reacção: eis o dilemma entre cujos pontos se debatem os destinos da humanidade contemporanea. Terceira Internacional ou Liga das Nações. Clemenceau, referindo-se aos revolucionarios francezes, em certo periodo de luta accesa, declarou: "entre elles e nós é uma questão de força". Perfeito, exactissimo, diz Barbusse. E Barbusse vê na violencia revolucionaria o unico instrumento capaz de construir a justiça. "A violencia é hoje a realidade da justiça".

Comprehendendo os intellectuaes o serviço immenso que poderão prestar á sociedade, collaborando activamente, com sua intelligencia, na obra magna da Revolução? Esta "se prepararia pela diffusão das ideias justas, pela vulgarização dos factos reaes, pela explicação, pela verdade". Aos intellectuaes principalmente cabe esta missão. Barbusse appella para elles. Será seu appello ouvido, entendido e seguido?

ASTROJILDO PEREIRA.

Madeiras
MANOEL PEREIRA & FILHOS
Serraria e Officinas
RUA BENEDICTO OTTONI, 37
S. Christovão — Telephone Villa 34
Filial e Escriptorio
RUA BUENOS AIRES, 224
Antiga Hospicio — Tel. Norte 1844
RIO DE JANEIRO

Artigo de Astrojildo publicado em 24 de fevereiro de 1921, no jornal carioca *Hoje*. No texto ele comenta o livro *Le couteau entre les dents*, de Henri Barbusse, lançado naquele ano. O intelectual brasileiro destaca as ideias de Barbusse sobre a necessidade de divulgar e defender a revolução.

MANIFESTO DA CONTRARREVOLUÇÃO

O *Manifesto* da Legião Revolucionária de S. Paulo[1], que pretende haver traçado "uma diretriz definida e clara, em face dos problemas fundamentais" do país, constitui, na realidade, por sua expressão e seu conteúdo, um documento que se pode considerar característico da ideologia confusa, contraditória e delirante de certa camada de intelectuais e pequeno-burgueses. Seus autores ou signatários estão convencidos de que lhes cabe a gloriosa predestinação de regenerar e salvar o Brasil. Esta presunção, que é originariamente inevitável, e seria inofensiva se limitada a círculos privados, apresenta grave perigo para a coletividade quando tenta enveredar pelo domínio público, forcejando por atribuir-se a direção de movimentos políticos. É o caso do *Manifesto* em questão. Combatê-lo, do ponto de vista do interesse real das mais largas massas, parece-me, portanto, coisa de indiscutível utilidade. Penso contribuir para esta obra útil, publicando estes breves comentários a alguns dos seus pontos essenciais.

I – Brasilidade integral

"Nossa palavra de ordem deve ser brasilidade", clama, reclama e proclama o *Manifesto*. É com esta palavra na testa ou na barriga, como lanterna de mineiro, que os legionários paulistas procuram iluminar a negrura da situação nacional. Mas o que vem a ser, verdadeiramente, esta "brasilidade"? Se não estou equivocado, quem "inventou" o termo, entre nós,

---

[1] Publicado em *O Tempo*, São Paulo, 5 mar. 1931.

foi o conde Afonso Celso, naqueles tempos de nacionalismo integral do governo Epitácio. A "invenção", aliás, se reduzia a simples tradução da "argentinidade" do sinistro Manuel Carlés, chefe da reação antiproletária organizada pela Liga Patriótica Argentina. "Brasilidade" vem a ser, pois, no fim de contas, um puro sinônimo de "nacionalismo". Brasilidade radical, brasilidade intransigente — fórmulas a cada momento repetidas no *Manifesto* — são simples equivalentes de nacionalismo integral, isto é, de um patriotismo exaltado, grandiloquente, verbalista e... vazio.

Seria estultície negar as peculiaridades de detalhe com que se apresentam certos problemas brasileiros — peculiaridades que, a rigor, por isso mesmo que exprimem diferenciações de detalhe, são mais propriamente regionais do que nacionais, como é fácil de compreender num país da extensão do Brasil. Cada país, cada região dentro do mesmo país, no mundo inteiro, possui as suas peculiaridades, que devem ser levadas em conta na solução dos problemas, concretamente. Critério afinal realista, científico, que nada tem de comum com a paranoia do nacionalismo integral. Particularmente em países novos do tipo do Brasil, esse nacionalismo integral ou, na linguagem do *Manifesto*, brasilidade radical e intransigente — não tem nenhum sentido em face da realidade histórica e social, não passando, no melhor dos casos, de mera pose intelectual. Nacionalista integral, entre nós, só o poderia ser o bugre de tanga, na floresta; tudo mais que possuímos, absolutamente tudo mais, vem de fora, inclusive nós próprios que não somos índios puros. Não é "brasileira" a língua que falamos, nem "brasileiros" são os nossos costumes; nem tampouco os pensamentos e as ideias que expendemos. O detalhe pode ser brasileiro — antes amazonense, nordestino, mineiro ou gaúcho —, mas o fenômeno básico, em seu conjunto, é sempre cosmopolita, mundial, internacional.

Os problemas brasileiros são, na sua essência, problemas mundiais. A linha geral que os caracteriza é a mesmíssima. A solução deles só pode ser encontrada, logicamente, no plano mundial. As peculiaridades nacionais e regionais são sempre secundárias, condicionando apenas a aplicação prática local das soluções.

II – A realidade brasileira

A brasilidade legionária, intransigente e radical, briga com a realidade brasileira. Não é difícil prová-lo.

O *Manifesto* condena, com acerto, o "lírico e perigoso messianismo" que tem servido de lastro aos empresários de patriotismo e de civismo no Brasil, cujo manual clássico é aquele nefando *Por que me ufano do meu país*, do aludido conde "inventor" da palavra brasilidade. No entanto, no mesmo lugar onde exara a condenação justíssima, cai o *Manifesto* em cheio na megalomania de pensar "que o Brasil ainda pode dizer ao mundo uma palavra nova": que "o Brasil terá uma missão a cumprir"; que "é entre o Amazonas e o Prata... que se processará a formação da 'quinta raça' que dará ao mundo o próximo tipo de civilização"; que "tudo nos indica, pois, que do Brasil deverá sair alguma coisa nova", etc. etc. Parece que meio encalistrado com esse delírio verbal, procura o *Manifesto* escudar-se nas "profecias" dos sábios (estrangeiros) Humboldt e Martius, e até na sociologia (ora, de quem!) do mexicano José de Vasconcelos... Tudo isso, com ou sem sábios da estranja, que é senão lirismo messiânico do mais pernóstico, do mais retinto me-ufano-do-meu-país?

Não é esta, absolutamente, a realidade brasileira.

A realidade brasileira, que o *Manifesto* apenas vislumbrou no meio do delírio, é a dos "imensos latifúndios", enriquecendo algumas centenas de fartíssimos patriotas, à custa da miséria infinita de milhões de trabalhadores agrícolas; é a da propriedade da terra expressa pela proporção de nove décimos pertencentes a uma insignificante minoria de grandes proprietários e só um décimo pertencente a centenas de milhares de pequenos proprietários; é a da formação histórica dos latifúndios, através do saque e do massacre da indiada e da escravização do braço negro importado.

A realidade brasileira, a grande realidade brasileira, que o extremo confusionismo do *Manifesto* não consegue esfumar, é a do Brasil colônia depois de um século de "independência". Em 1822 passamos apenas das unhas já roídas do velho Portugal decadente, ele mesmo feito colônia, para as unhas aduncas do milhafre britânico, robusto e voraz. Temos dependido inteiramente da finança inglesa, durante quase cem anos; agora dependemos também da finança "yankee". Somos a presa gorda e gostosa que os imperialismos rivais se disputam entre si, com tanto mais afinco e agressividade quanto pretendem eles resolver à custa das colônias as suas crises internas. Os dados são bem conhecidos, mas nunca é demais repeti-los.

Devemos ao estrangeiro (União, estados e municipalidades, não se computando aí as dívidas e os capitais das empresas privadas) soma superior a 250 milhões de esterlinos, equivalentes hoje a mais de 15 milhões de contos, que nos exige um serviço anual de juros e amortização de quase 22 milhões de esterlinos, equivalentes a mais de 1 milhão e 200 mil contos, ou seja, mais da terça parte da receita pública de todo o país, União, estados e municipalidades. Dívidas fabulosas, que os sucessivos governos, empenhados e vendidos aos usurários de Londres e Nova York, simulam "pagar" com o dinheiro de novas dívidas.

Temos nas garras dos imperialistas as "nossas" estradas de ferro (inclusive, praticamente, as mais "brasileiras", como a Central, hipotecada a empréstimos, ou a Paulista — este "orgulho" da indústria nacional). A energia elétrica para os serviços públicos e privados está toda ela nas mãos dos "yankees" e dos anglo-canadenses, tendo sido por elas absorvido, nestes últimos tempos, o pouquíssimo que ainda havia em mãos brasileiras. As principais indústrias estabelecidas no país — frigoríficos, tecidos, fósforos, etc. — ou são diretamente propriedade dos grupos estrangeiros, ou estão a eles empenhadas e hipotecadas.

O ferro — e o Brasil possui cerca de 25% do ferro existente no mundo —, o ferro que é a base da indústria pesada, da siderurgia, da fabricação de meios de produção, sem a qual a independência econômica de um país é palavra vã, o "nosso" ferro não nos pertence. As "nossas" maiores jazidas, as montanhas ferríferas de Minas são propriedade, garantida pela lei "brasileira", dos "trusts" anglo-americanos, que as guardam intactas, que as não exploram nem explorarão porque foi precisamente para as não explorar que elas foram adquiridas e são guardadas. Chegamos, assim, a esta situação:

o "nosso" ferro, inerte nas entranhas da "nossa" terra, transformado pelo imperialismo em guarda da nossa própria dependência e escravização...

As concessões de terras, feitas a sindicatos de capitalistas estrangeiros — a Ford na Amazônia, a Lovat no Paraná, para citar as mais escandalosas —, abarcam municípios inteiros, compreendendo territórios mais vastos que certos países europeus. As maiores fazendas "paulistas" estão hipotecadas, por obra e graça dos patriotas do Instituto de Café, aos banqueiros de Londres.

Reduzidos à monocultura de produtos coloniais, fascinados pela fácil "prosperidade" das valorizações à base de empréstimos onerosíssimos, aí estamos agora sofrendo as consequências catastróficas da até há pouco tão louvaminhada política do café, como já sofrêramos antes as da política da borracha e como sofreremos ainda amanhã as da política do algodão ou da carne.

Para coroamento da obra realizada em cem anos pelos patriotas do império e os patriotas da república, temos que suportar, calados e submissos, sob o chicote da censura exercida por "brasileiros", o controle das "missões técnicas" que vêm fiscalizar os devedores relapsos e incapazes, ditando ordens e impondo condições, que os nacionalistas integrais aceitam de rabinho entre as pernas...

Em suma, a realidade brasileira é a da exploração econômica e da opressão política em que vivem as classes laboriosas, operários da indústria e da lavoura, colonos e pequenos lavradores, artesãos e intelectuais pobres, todos sem exceção jungidos ao capitalismo estrangeiro — ou diretamente nas empresas imperialistas, ou indiretamente por intermédio do capitalismo "nacional". Realidade axiomática, que dispensa demonstração, porque é sentida e sofrida por 99,9% da população brasileira. Realidade-mater, de cujos flancos nascem todas as realidades de um país riquíssimo habitado por uma gente pobríssima.

Esta, sim, é verdadeiramente a "realidade brasileira". Mas não é, de modo algum, realidade "brasileira" exclusiva, típica, específica. Longe disso. É a mesmíssima realidade de todos os países agrários e coloniais do tipo do Brasil — a Índia, a Pérsia, a Austrália, os países africanos, os países nossos companheiros desta América chamada latina. Realidade internacional, que exige espírito internacionalista para ser compreendida e assim resolver os problemas dela resultantes.

III – Solução brasileira para os problemas brasileiros

"A subordinação do pensamento político contemporâneo aos imperativos das realidades brasileiras é indispensável... a uma solução brasileira para os problemas brasileiros." É com este critério que o *Manifesto*, feita a "análise" da situação nacional, aponta os remédios para os males de que sofre o país. Para a "brasilidade" dos problemas — a "brasilidade" das soluções. Vamos ver quais sejam estas famosas soluções "brasileiras", indicadas no *Manifesto* como capazes de resolver os três problemas básicos: latifúndio, imperialismo, trabalho.

1) Para o problema dos latifúndios.

Ensina o *Manifesto*: "O Estado tem de intervir fortemente no sentido de dar a terra ao verdadeiro agricultor, mas isso, bem entendido, sem sair da "órbita dos próprios fundamentos jurídicos do Estado", isto é, "dentro das fórmulas jurídicas decorrentes dos princípios de organização nacional" que a Legião propõe.

Tipo da linguagem genérica, imprecisa, neutra. Traduzida em vulgar, concretamente, esta "solução" quer dizer o seguinte: o Estado deve proceder a uma reforma agrária no sentido de retalhar os latifúndios em pequenas propriedades, vendidas a certa camada de futuros "kulaks" ("verdadeiros agricultores"), sendo *naturalmente* indenizados os latifundistas ("dentro das fórmulas jurídicas... O direito de propriedade da terra — argamassado no Brasil com o sangue dos índios espoliados pelos colonizadores estrangeiros — é reconhecido e sustentado como coisa sagrada, não podendo o latifundista sofrer nenhum atentado ao seu "direito" (que é romano de origem e universalizado por adoção histórica em todo o mundo moderno).

Em resumo, o que o *Manifesto* propõe como remédio para o grande mal do latifúndio é a tisana relíssima de uma reformazinha agrária que não vá bulir na casa de marimbondo dos "fundamentos jurídicos" da propriedade privada. E a isto os signatários do *Manifesto* chamam de "solução brasileira"! É este o *Manifesto* de uma Legião que ousa qualificar-se de "revolucionária" no ano de 1931, XIV da Revolução Russa! Qualquer pioneiro soviético de dez anos sabe que semelhante solução é a clássica e universal solução de que se serviu a burguesia de todos os países do mundo, durante mais de um século...

Já havíamos visto que o problema do latifúndio não era um problema especificamente brasileiro. Vemos agora que a solução legionária também não é.

2) Combate ao imperialismo.

Diz o *Manifesto* que é preciso "combater todas as formas de imperialismo pacífico (?), desde as diretamente ligadas aos problemas econômico-financeiros, às atividades comerciais e industriais, até às mais disfarçadas propagandas dos costumes adventícios (??) e das doutrinas inaclimáveis" (???) Graças a Deus. Mas *como* combater o imperialismo? E por que essa restrição de imperialismo "pacífico"? Quer dizer que não devemos combater o imperialismo que pretenda manter de armas na mão a sua dominação sobre o Brasil? E qual é esse imperialismo dos "costumes adventícios" e das "doutrinas inaclimáveis"?

Sobretudo neste capítulo é que o *Manifesto* se mostra confuso, difuso, abstruso, inventando uma estupefaciente teoria da "civilização geológica", que teria dado origem ao imperialismo, contra a qual deveremos criar a "civilização geográfica". Os países de "civilização geológica" (são os que possuem e exploram o ferro, o carvão, o petróleo, etc. — elementos geológicos) pretendem fazer a "standardização do tipo humano" (que será isto?) e daí os seus sinistros planos imperialistas de penetração, infiltração e dominação sobre os outros países, cujas condições naturais (falta de ferro, carvão, petróleo, etc. — ou falta de meios para explorar o ferro, o carvão, o petróleo, etc., que acaso possuam) não lhes permitem desenvolver-se sob o signo da "civilização geológica". De onde resulta o desequilíbrio econômico reinante no mundo...

Dada esta "explicação" do que é o imperialismo (pobre Vladimir Ilitch!), o *Manifesto* conclui, triunfante: "Essa situação de desequilíbrio econômico entre os povos deve convencer-nos de que o *único caminho da independência, da verdadeira liberdade*, da AFIRMAÇÃO NACIONAL, está na criação de uma civilização de sentido geográfico, em contraposição à outra, de sentido geológico. Ou MELHOR: uma civilização *mais espiritual*, com uma consciência maior da *dignidade humana*" (os grifos e a caixa-alta são desta transcrição). Assim, pois, contra o imperialismo que se baseia no ferro, no carvão, no petróleo, os eminentes sociólogos do *Manifesto* legionário propõem a criação brasileira de "uma civilização de sentido geográfico", isto é, sem ferro, sem carvão, sem petróleo, continuando a depender do ferro, do carvão e do petróleo dos países imperialistas; civilização "mais espiritual", baseada, não no ferro, no carvão e no petróleo, mas numa consciência maior da "dignidade humana". Eis o que é, isso sim, o suco da brasilidade! Esta, a "palavra nova" que o Brasil vai dizer ao mundo! Esta, a "missão" que o Brasil deverá cumprir! Sim senhor. Está tudo muito bonito.

Mas, pondo de parte o entusiástico por-que-me-ufano, levemos até ao fim, até às suas últimas consequências, concretamente, a teoria das duas civilizações antagônicas, a geológica e a geográfica. Raciocinemos calmamente. O Brasil, governado pela Legião Revolucionária, começa a criar a civilização geográfica, para libertar-se da civilização geológica. A civilização geológica não se conforma com a criação legionária, contra ela, da civilização geográfica. Agravação do antagonismo. Represálias aduaneiras. Conflito diplomático. Rompimento. Briga. Ora, a civilização geológica, baseada no ferro, no carvão, no petróleo, possui canhões, fuzis, obuses, aviões, gases mortíferos. A civilização geográfica, sem ferro, sem carvão, sem petróleo, não possui canhões, nem fuzis, nem obuses, nem aviões, nem gases mortíferos. Temos, pois, o Brasil, país "mais espiritual", com uma consciência maior da "dignidade humana", a brigar de mãos abanando contra tal ou qual país imperialista armado até aos dentes. Era uma vez a civilização geográfica. E o Brasil sem poder dizer nenhuma palavra nova ao mundo, sem poder cumprir a sua missão...

A tal resultado chegaríamos, fatalmente, se fôssemos aplicar no caso do Brasil oprimido pelo imperialismo a solução nacionalista preconizada pelo *Manifesto*. Na minha humilde opinião de homem de ideias subversivas, eu entendo que o problema da luta contra o imperialismo nada tem de especificamente brasileiro. Prefiro, portanto, para ele, a solução internacionalista: guerra de morte, a ferro e a fogo, sustentada pelas massas trabalhadoras contra os imperialistas e seus lacaios. Solução clara, firme, direta, que não deixa lugar a nenhuma espécie de dúvida. Solução bolchevista.

3) A questão do trabalho.

Pretendendo "situar o Brasil no problema do mundo" (que fórmula!), o *Manifesto* decide que é preciso atender, neste ponto, à nossa "verdadeira e própria questão social". Brasilidade da questão social... Infelizmente, o *Manifesto* não explica em que consiste essa diferenciação brasileira da questão social. Qualificando a República de 89 de "República dos industriais e grandes latifundiários", de "República dos trusts e sindicatos", ele nos fornece uma característica que se pode aplicar, mais ou menos integralmente, a qualquer país do mundo, exceto a URSS, isto é, a qualquer país, como é o Brasil, onde os meios de produção constituem monopólio de uma pequena minoria parasitária, cuja riqueza é fruto da exploração exercida sobre a maioria dos que trabalham e produzem. Não sei se deslumbrado ou obsecado pela peregrina ideia da "civilização geográfica" que o Brasil, no cumprimento de inaudita missão histórica, deve contrapor à "civilização geológica" dos países imperialistas, o redator da retumbante peça legionária escreve que o nosso país, "agrícola por *fatalidade* de suas condições, tem vivido... uma vida falsa". E mais, que a República (a velha) "criou, para o país, notadamente em S. Paulo, uma questão *prematura* para um povo jovem" (Os grifos são desta transcrição).

Isto, reduzido a linguagem mais acessível, significa o seguinte: que o Brasil, para realizar no mundo a sua missão de pioneiro da "civilização geográfica", deve conformar-se com a *fatalidade* de suas condições, limitando-se ao cultivo da terra, à agricultura e à pecuária, fazendo-se o "celeiro do mundo", etc. etc., deixando intactas as suas jazidas de ferro, de carvão e de petróleo (já compradas pelos imperialistas), liquidando finalmente as suas poucas indústrias, que fazem o país viver "uma vida falsa", e assim livrando-se das encrencas de uma questão *prematura*, que é a questão operária... Que perspectivas virgilianas para o futuro deste grande país, berço da "civilização geográfica"! Faz lembrar as paisagens "imaginárias" de certas decorações de varanda... Desgraçadamente, o paraíso rural sonhado pelo autor do *Manifesto*, como sendo o suprassumo da brasilidade em matéria de solução para a questão do trabalho, não passa, na verdade, de pura utopia, de utopia irrealizável — porque inteiramente contrária à realidade brasileira e mundial da hora presente, que põe os povos coloniais e semicoloniais do tipo do Brasil nesta alternativa: ou lutar pela independência efetiva criando a sua própria base industrial, ou continuar como país fornecedor de matérias-primas e alimentícias, sob o jugo das potências industriais e imperialistas. Com exceção dos signatários do *Manifesto* e de outros patriotas e nacionalistas que se acham ao serviço do imperialismo estrangeiro, toda gente de bom senso compreende não só que a primeira destas duas alternativas é a única decente e plausível, como também que o Brasil é um país admiravelmente dotado de recursos naturais para tornar-se uma potência industrial de primeira ordem, independente e rica.

Afinal de contas, a brasilidade integral e intransigente do *Manifesto* reduz-se, neste caso, a sustentar o mesmíssimo ponto de vista estrangeiro dos países imperialistas que nos dominam. Com efeito, o interesse destes países consiste exatamente em que o Brasil não se industrialize, mas pelo contrário continue a ser o país agrário que tem sido, exportador de produtos coloniais e importador de produtos industriais.

IV – O Estado e as classes sociais

Questão essencial é a da organização política do país, a da constituição do Estado. Sobre ela assim opina o *Manifesto*: "Desde a Monarquia, temos vivido sob a preocupação de impor ao nosso país sistemas políticos estrangeiros. Experimentamos o parlamentarismo inglês, até 1889; daí para cá, voltamo-nos para as fórmulas americanas, e, agora, é ainda entre os Estados Unidos, a Itália e a Rússia que oscila certa mentalidade que pretende nos impor novas imitações. Assim, não devemos transplantar para o Brasil, nem comunismo nem fascismo, nem outros sistemas exóticos".

Este é, talvez, de todo o *Manifesto*, o trecho mais perfeito, aquele que pode ser dado como trecho-modelo, trecho-paradigma, trecho-síntese de todas as monstruosidades contidas ali. Há nele de tudo: história, sociologia, constitucionalismo comparado, política estrangeira, política nacional, literatura, climatologia, brasilidade... Falta-lhe apenas uma coisa: sentido. O simples sentido comum, que, diante de uma garrafa de vinho, não confunde a garrafa, nem o rótulo da garrafa, com o vinho que enche a garrafa.

A forma do Estado, que vem a ser o continente de tal ou qual sistema político, é secundária e pode variar sem que varie o seu conteúdo de classe, que é tudo. Porque o Estado, sem exceção de tempo e de espaço, sempre foi a força organizada ao serviço de uma classe. Ele nasceu com as classes e só desaparecerá quando as classes tenham desaparecido. Isto é noção científica elementar, teoricamente inexpugnável e praticamente comprovada pelos acontecimentos dos nossos próprios dias. Por exemplo, o parlamentarismo inglês, o presidencialismo americano e o fascismo italiano diferem entre si como *forma de organização* do Estado; porém como *conteúdo de classe* se equivalem integralmente. Nos três casos, o Estado é sempre a força organizada ao serviço da *burguesia*. Comparando-se com ele o caso da União Soviética, veremos que a diferença existente não reside só na forma de organização do Estado, mas *essencialmente* no seu conteúdo de classe: ali o Estado é a força organizada ao serviço do *proletariado*. Nos três primeiros casos, a diferença é de adjetivo para adjetivo: mas entre eles e o quarto caso, a diferença é de substantivo para substantivo. Por conseguinte, quando examinamos a questão do Estado, o ponto primordial a resolver é este: qual o seu conteúdo? a serviço de que classe está ele organizado? da classe feudal? da burguesia? do proletariado? Quem se limita a só ver diferenças secundárias de forma, não vendo as diferenças essenciais do conteúdo, por força chegará a resultados lamentáveis. Como aconteceu com o senhor redator do *Manifesto* legionário.

Essa limitação é que o levou a perpetrar o monstruoso atentado histórico de colocar no mesmo plano de diferenciação o presidencialismo americano, o fascismo italiano e o comunismo russo. O presidencialismo americano é um sistema político de dominação capitalista; o fascismo italiano, idem, idem, com a mesma data; mas o comunismo russo é, por sua mesma natureza, *anticapitalista*. O comunismo, por definição, é o contrário, o oposto, a negação do capitalismo. E não está no mesmo plano histórico. O comunismo só é possível, historicamente, *depois* do capitalismo. O comunismo nasce das entranhas do capitalismo. Daí, o dizer-se que o proletariado é ao mesmo tempo o coveiro e o herdeiro da burguesia. Não tem, portanto, sentido algum colocar no mesmo plano histórico o presidencialismo, o fascismo e o sovietismo, isto é, o capitalismo (Estados Unidos e Itália) e o comunismo (URSS).

Limitação semelhante levou ainda o *Manifesto* a anunciar, entre outros passes de mágica, o da "igualdade absoluta das classes". Falar em "igualdade (e ainda por lambugem, *absoluta*) das classes" é zombar do bom senso mais rudimentar. Se há classes é porque há desigualdade. Só se classifica o que é diferente, desigual. A desigualdade social é que gerou as classes sociais. Estas só desaparecerão juntamente com o desaparecimento da desigualdade que as gerou, isto é, com o advento de um regime de igualdade social, que será precisamente o comunismo. Igualdade de classes são termos que se repelem, sem qualquer possibilidade de junção decente.

V – Legiões fascistas

Espremendo-se toda a fraseologia baralhada e diluída do *Manifesto*, duas ideias básicas restam, como bagaço, a caracterizá-lo: a da "brasilidade" ou "ideia nacional", excluindo as ideias "exóticas"; e a "representação por classes" (erroneamente assim chamada, pois se trata na verdade de representação "corporativa"). Ora, estas duas ideias básicas, em torno das quais os signatários do bulhento papel julgaram ter construído uma doutrina originalíssima, são exatamente, sem tirar nem pôr, as mesmas ideias características que servem de fundo à ditadura fascista, na Itália e alhures.

No *Programa da Internacional Comunista* aprovado pelo VI Congresso Mundial, em meados de 1928, a explicação do fascismo, como finalidade e como método, é formulada nos seguintes termos: "A burguesia, para assegurar maior firmeza, continuidade e estabilidade ao seu poder, é levada cada vez mais a passar do sistema parlamentar para o método fascista, independentemente das relações e das combinações de partido. Este método é o da ditadura direta, ideologicamente disfarçada pela 'ideia nacional' e pela representação 'corporativa' (na realidade ideia e representação dos diversos grupos das classes dominantes)". O sistema político "democrático", baseado no sufrágio universal, seja com o rótulo de presidencialismo ou de parlamentarismo, é o que corresponde ao período "normal" do regime capitalista, que vigorou no mundo moderno até à grande guerra imperialista. Este período "normal" passou com a guerra, sucedendo-lhe o período agitado, instável, revolucionário, "anormal", que tem perdurado até hoje, rompendo rapidamente a pausa precária dos anos 1924-1928, e agora se vai agravando cada vez mais, marcado por uma crise estrutural sem remédio. Para manter-se no poder, tentando o impossível para superar a crise, a burguesia mandou às favas a norma democrática, liquidou o parlamentarismo desmoralizado e impotente, implantando a ditadura direta do grande capital. O fascismo é a expressão política desta ditadura, que se dissimula, conforme a situação de cada país e de cada momento, sob o disfarce de uma ideologia mais ou menos demagógica.

O seu objetivo primordial consiste em barrar, desviar ou esmagar pelo terror branco o movimento revolucionário da classe operária e em primeiro lugar a sua vanguarda comunista.

Ora, as "legiões revolucionárias", que se estão criando por este vasto Brasil, nada mais são, no fim de contas, que meras traduções brasileiras regionais (paulista, mineira, baiana, etc.) das "milícias fascistas" italianas, que constituem o modelo clássico da espécie. Explorando demagogicamente o "descontentamento das massas pequeno-burguesas, dos intelectuais e de outros meios" (*Programa da IC*), o que os seus chefes, ideólogos e organizadores visam é reconsolidar o poder da burguesia ameaçado pela crise revolucionária, que sacode o país. A diferenciação regionalista que se observa na sua formação — e bem assim o choque entre elas e os partidos tradicionais — reflete uma dupla pressão: de um lado, as contradições internas que dividem as classes dominantes brasileiras; de outro lado, as rivalidades imperialistas, ao serviço das quais se acham, respectivamente, os diversos grupos da burguesia "nacional". Numa única coisa são unânimes: no combate ao comunismo. Intitulam-se "revolucionárias" mas são de fato organizações medularmente contrarrevolucionárias — fazendo o jogo de tal ou qual grupo regional da burguesia. O que vale dizer, fazendo o jogo de tal ou qual imperialismo. Brasilidade radical, nacionalismo

---

[2] O *Manifesto* da Legião Revolucionária de S. Paulo foi dado a público em março de 31, como sendo um documento "esquerdista", firmado por homens também tidos como "esquerdistas", a começar pelo chefe da Legião, o general Miguel Costa, outubrista da "extrema esquerda". Penso haver contribuído para desmascarar a mistificação, mostrando no meu artigo o caráter fundamentalmente fascista, portanto direitista da extrema direita, das "ideias" e dos "princípios" contidos ali. O redator do *Manifesto*, como é notório, fora o antigo perrepista Plínio Salgado, mais tarde um dos fundadores e hoje dito "chefe nacional" do integralismo, isto é, de um partido fascista declarado. Plínio integralista, declarando-se abertamente fascista, confirma brilhantemente o que eu dissera do *Manifesto* da Legião: que aquilo era fascismo disfarçado. Não me venham

puro, horror ao exotismo, exaltação nativista, xenofobia política, fraseologia por vezes anticapitalista e anti-imperialista... — tudo isso é tapeação. Óleo de rícino engarrafado com o rótulo de guaraná².

São Paulo, abril de 1931.

dizer que o homenzinho é que mudou: anteontem perrepista, ontem legionário, hoje integralista. Qual nada. Plínio é sempre o mesmo, e a sua ideologia também. Anteontem como ontem, ontem como hoje, hoje como provavelmente amanhã ele sempre esteve, está e estará ao serviço da burguesia contra o proletariado.

CAMPO DE BATALHA

I - O mundo e o Brasil

O mundo inteiro, na hora presente mais que nunca, aparece-nos como vasto campo de batalha política e social. Ouve-se por toda parte o entrechoque gigantesco dos imperialismos rivais, que a hipocrisia diplomática mal disfarça. Os países coloniais levantam-se contra as metrópoles que as dominam e espoliam. A crise econômica, que rói e corrói inexoravelmente o organismo capitalista, atira na miséria milhões e milhões de proletários, matando-os de fome, e proletariza outros tantos milhões de pequeno-burgueses, cansando-os no desespero. A instabilidade financeira generaliza-se, e o ouro, outrora senhor todo-poderoso, desaba do trono. As conferências mundiais, convocadas para porem ordem no caos, transformam-se em confusas torres de babel, onde ninguém se entende. A Sociedade das Nações não é tal das nações, mas de umas nações contra outras. Quanto mais se fala em desarmamento, tanto mais se empenham as grandes potências na corrida louca dos armamentos, a caminho acelerado para a guerra que se avizinha apavorando os povos... Dentro de cada país, a luta das classes atinge as formas mais agudas. As categorias sociais se defrontam. Os grupos e subgrupos políticos se entredevoram. As falências bancárias e comerciais multiplicam-se e correm parelha com as falências políticas e morais. A corrupção e a criminalidade arrasam vidas e reputações. A inquietação devasta os espíritos. Eis o panorama da atualidade mundial, marcado em suas linhas dominantes... A descrição saiu meio sinistra, mas me parece que bem menos sinistra do que a senhora realidade em pessoa.

E... quanto ao nosso caro Brasil?

Até há algum tempo, havia entre nós não poucos imbecis que pretendiam colocar o Brasil fora do mundo, como país especial, privilegiado, protegido pela Providência divina, país no qual não penetrava o germe daquelas calamidades universais. Diziam eles que no Brasil não existia miséria. Que no Brasil só passava fome quem não queria trabalhar: as terras fertilíssimas aí estavam generosamente à disposição de todos. Que no Brasil a luta de classe não tinha razão de ser. Que no Brasil a questão social era uma simples questão policial. Etc. Etc. Etc. Hoje, porém, a coisa se tornou tão evidente e sensível, e andamos também nós de tal sorte enredados nos descalabros da crise mundial, que mais ninguém ousa intrujar a credulidade alheia com afirmativas ou negativas semelhantes. No Brasil também se trava a luta de classe. Também aqui verificamos o conflito dos interesses e o choque das forças sociais. Em todo o território brasileiro, os grupos e subgrupos políticos se engalfinham corpo a corpo. As grandes massas exploradas e oprimidas, seguindo os passos de uma pequena e heroica minoria de pioneiros, despertam para a luta contra os senhores que as exploram e oprimem. A nossa economia debate-se improficuamente, anemiada e desanimada, gemendo com os cataplasmas que os curandeiros ignaros lhe aplicam. O mil-réis, coitadinho, já não vale mais nada, e vive apenas de injeções, artificialmente. Os polvos imperialistas, que lutam entre si por devorar cada qual sozinho o país inteiro, chupam-nos o sangue sem misericórdia. E em correlação com tudo isso temos miséria, temos fome, temos desespero, do mesmo desespero, da mesma fome, da mesma miséria que sofrem os demais países dominados pelo capitalismo.

Estamos vendo e sentindo. O Brasil é apenas um setor do vasto campo de batalha política e social em que se acha o mundo empenhado, encarniçadamente, hoje mais que nunca.

II – A ditadura outubrista

Sozinho em campo contra todos os demagogos e mistificadores, o Partido Comunista denunciou, desde o início da campanha da Aliança Liberal, a mentira das promessas fáceis que esta última alardeava, dissimuladamente, para melhor poder enganar as massas. Desde a primeira hora afirmou o Partido Comunista que o movimento aliancista visava essencialmente preparar um golpe reacionário contra a revolução das massas operárias e camponesas, que germinava e se desenvolvia no bojo mesmo da crise econômica. A famosa palavra de ordem, lançada pelo sr. Antônio Carlos nos primórdios do movimento — "façamos a revolução antes que o povo a faça" —, significava, na realidade, o seguinte: "façamos a contrarrevolução antes que as massas façam a revolução". E foi efetivamente o que se fez: contrarrevolução preventiva, golpe reacionário contra as massas operárias e camponesas, terror fascista contra o proletariado revolucionário e sua vanguarda comunista.

Que prometiam os "revolucionários" do Outubro brasileiro antes de chegarem ao poder? Prometiam todas as coisas fáceis de prometer, mas em primeiro lugar e acima de tudo prometiam liberdade. Todas as liberdades democráticas se consignavam como verdadeiros axiomas no programa "revolucionário". Mas tudo isso era tapeação muito ordinária. Hoje, muitos daqueles ardorosos corifeus do liberalismo de 1930 se proclamam inimigos declarados do liberalismo, da liberal-democracia, das liberdades democráticas. A fraseologia deles sofreu radical transformação com o decorrer do tempo, quer no tom, quer no sentido. Ora, esta transformação define bem a natureza reacionária do movimento de outubro. Observe-se que a transformação se operou unicamente na fraseologia, hoje abertamente reacionária, e não na prática, efetivamente reacionária desde o primeiro dia.

A coisa pode ser explicada, mais ou menos, assim: para poder desfechar o seu golpe de outubro, cuja finalidade real consistia em barrar preventivamente o curso da revolução operária e camponesa que amadurecia a olhos vistos, a burguesia necessitava da simpatia e do apoio das largas massas, ainda desligadas da vanguarda proletária, e foi para conquistar esta simpatia e este apoio que se fez a campanha demagógica da Aliança Liberal; desfechado o golpe, com a feição aparente de movimento nacional de "libertação popular", tornava-se necessário consolidar gradativamente a "nova" ordem de coisas, e daí a vasta e lenta preparação ideológica pró-fascista processada no transcorrer destes três anos e tanto de poderes discricionários transformando-se pouco a pouco a fraseologia "esquerdista", democrática e liberal, em fraseologia abertamente reacionária e fascista.

Antes só se falava em liberdade, sufrágio livre, governo popular; agora só se fala em Estado forte, governo de autoridade, poder total. A antinomia aqui vale por uma definição. Trata-se, com efeito, de antinomia puramente formal, pois que na realidade não há nenhum antagonismo inconciliável entre a democracia burguesa, liberal e parlamentar, e a ditadura fascista aberta, antidemocrática e antiliberal. Entre um e outro regime há apenas diferença de *forma* e não de *conteúdo*. São ambos regimes de dominação de classe da burguesia. E a essa diferença de forma é que corresponde a diferença de fraseologia empregada pelos mesmos homens antes e depois do golpe de outubro.

Lênin dizia que havia dois métodos de opressão que a experiência elaborara para uso dos governos burgueses e feudais: o da violência e o da demagogia. E citava os dois exemplos clássicos de um e de outro: a Rússia tzarista e a França republicana. Mas isto era dito em 1917. Daí para cá aquela experiência tornou-se muito mais rica: fundiu os dois métodos num só — e temos precisamente o fascismo, violência e demagogia ao mesmo tempo, verso e reverso da mesma medalha. Mussolini foi quem primeiro e mais sistematicamente operou a fusão no mais alto grau dos dois métodos num só. O exemplo italiano vai sendo seguido por toda a parte onde a burguesia sente faltar-lhe a terra debaixo dos pés e compreende que já não pode manter-se no poder com a máscara democrática, isto é, só com a demagogia.

O outubrismo brasileiro vem a ser, para as massas operárias e camponesas, uma imitaçãozinha camuflada do fascismo italiano. A violência brutal contra os trabalhadores tem sido a sua norma desde o primeiro dia. Em tempo nenhum, no Brasil, foi o movimento operário sujeito a tamanhas violências como depois de 24 de outubro de 1930[1]. Os cárceres e presídios da República Velha não bastaram: a Nova República fez construir novos, somando-os aos velhos e entulhando-os todos de proletários. Dezenas de militantes comunistas tombaram mortos nos conflitos provocados pela polícia política ou em consequência de espancamentos sofridos nas prisões e nas ilhas. Tipografias saqueadas, sindicatos assaltados e fechados, residências varejadas, livros e jornais destruídos, comícios dissolvidos a cacete e a tiros... tudo isso é de prática diária depois, como já o era antes da "revolução" de outubro, mas tudo consideravelmente agravado depois. Há ainda a deportação para além fronteiras nacionais de dezenas e dezenas de brasileiros natos (já não falando dos operários estrangeiros expulsos aos milhares), jogados em terra estranha sem recursos, sem roupas, sem sequer papéis de identidade. Em resumo: nenhuma liberdade, nem de reunião, nem de propaganda, nem de imprensa, nem de greve, nem de nada para os operários e camponeses oprimidos. Regime de terror. E, simultaneamente, regime de demagogia.

A tapeação demagógica é exercida principalmente através do Ministério do Trabalho, a grande criação "socialista" do outubrismo. Em seus escritórios se forjaram inumeráveis decretos e leis "socialistas" que regulam a sindicalização, o seguro social, a proteção às mulheres e aos menores operários, a arbitragem contra as greves, etc., tudo mais ou menos mal traduzido e adaptado do italiano ou dos textos modelados em Genebra. Ora, o socialismo contido nesta "legislação social" é o que se pode, com toda a propriedade, qualificar de socialismo... colorido e

---

[1] Bem entendido: não porque os regimes anteriores fossem "melhores". A diferença aí decorre da situação objetiva, que anteriormente podia permitir às classes dominantes o uso de certos disfarces democráticos e liberais. Uso a título precário sempre, já se vê.

salgado. É a tapeação integral, a demagogia 100%. O Ministério do Trabalho "protege" os operários da seguinte forma: amarrando-os à burocracia ministerial manejada pelos capitalistas; controlando policialmente os seus sindicatos; proibindo-lhes as greves ou, quando estas são inevitáveis, liquidando-as nas comissões mistas de "conciliação"; não lhes permitindo intervir legalmente na política do país com o seu próprio partido de classe independente, etc. etc. etc. Não foi por mero acaso que a ditadura outubrista colocou na pasta do Trabalho, para inaugurá-la, o sr. Lindolfo Collor, antigo jornalista e deputado conservador, o mesmo homem que antes de outubro, por suas habilidades demagógicas, merecera o encargo de redigir o programa da Aliança Liberal; e não foi também por mero acaso que a escolha de seu substituto haja recaído no sr. Salgado Filho, cujo treino "socialista" se fez, depois de outubro, justamente na antiga 4ª Delegacia auxiliar, e logo a seguir na chefia de polícia...

Outra grande "conquista social" do outubrismo é a famosa "representação de classe", que foi introduzida na Constituinte pela porta de serviço da criadagem. Aqui a tapeação e a demagogia ultrapassaram os limites de sua própria medida e espostejaram em plena safadeza. O que se levou a cabo entre nós sob a denominação falsíssima de "representação de classe" foi na realidade uma reles mascarada semifascista, onde algumas centenas de pretensos delegados sindicais homologaram carneiralmente os nomes apontados pelo governo. Mesmo, porém, que a coisa, como encenação, se efetuasse debaixo de certa seriedade aparente e relativa, ainda assim dali não sairia nunca propriamente uma representação de "classe", mas representação corporativa, profissional, sindical — à moda fascista.

A verdadeira representação de classe para a Constituinte saiu, não de tal indecente farsa, mas muito simplesmente das próprias eleições gerais de 3 de maio. As complicações e restrições do Código Eleitoral (fornecendo um minguado milhãozinho de eleitores para uma população de 40 milhões!), a interdição do Partido Comunista, a proibição de toda propaganda eleitoral contrária ao governo e às classes dominantes, o confusionismo alimentado pela proliferação de sedicentes partidos, coligações e candidatos "operários" e "socialistas", etc., impossibilitaram praticamente o proletariado de participar das eleições como força independente — e daí que não tenha sido eleito um único deputado saído de seu seio, nenhum autêntico representante da classe operária. Os duzentos e tantos deputados eleitos em 3 de maio são todos, sem exceção, ou burgueses, ou fazendeiros, ou pequeno-burgueses ao serviço dos grandes senhores feudais e capitalistas. São todos eles representantes autênticos das classes burguesa e feudal, apresentados, apoiados e eleitos por elas. São portanto verdadeiros representantes de classe, enviados como tais para a Constituinte. E é esta a única e incontestável representação de classe que tomou assento na Constituinte. Nem podia deixar de ser assim. Nem há, nem houve nunca parlamento nenhum no mundo, em tempo nenhum, que não fosse nem seja composto de autênticos representantes de classe. Não é necessário, para obter este resultado, promover uma eleição "especial" a fim de escolher os representantes da classe operária. O que aqui se fez sob tal pretexto foi uma pura escamoteação, uma simples manobra para desviar os eleitores operários de uma possível concentração de votos nos seus próprios candidatos nas eleições de 3 de maio.

Tais os "benefícios" políticos obtidos pelos trabalhadores brasileiros em geral com a implantação da Nova República. Os "benefícios" de ordem econômica são da mesma igualha que os de ordem política, exprimindo-se por uma contínua agravação das condições miseráveis de existência. O que é lógico. A política e a economia — não é demais insistir nesta repetição — andam sempre de braço dado. A opressão política está sempre em correlação com a opressão econômica. Aquela é sempre um reflexo desta. Poderiam talvez dizer, no concernente às condições econômicas, que o outubrismo não tem culpa no capítulo, pois que a situação objetiva do país não permitiria fazer nada. Mas o argumento é falso. A verdade é que o outubrismo não trouxe melhora alguma para as condições econômicas das massas operárias e camponesas justamente porque a sua finalidade consistia, não em suprimir ou atenuar, mas pelo contrário em reforçar a exploração exercida sobre estas massas pelo capitalismo nacional e estrangeiro. Pode a literatura oficial ou oficiosa afirmar o oposto disso. É a sua obrigação. Mas para as massas a questão não é de literatura nem de conversa fiada. É de miséria, é de fome, é de sofrimento que lhes dói concretamente na própria carne.

Não falta quem pense, ingenuamente, que o outubrismo fracassou, não correspondendo aos seus próprios fins. Erro grosseiro. Movimento reacionário, contrarrevolucionário, pró-fascista, demagogicamente disfarçado em movimento revolucionário popular, é indiscutível que o outubrismo tem realizado e vai realizando a contento da minoria feudal--burguesa a infamérrima tarefa de fascização do poder no Brasil. Parece que tudo isto é bem claro. A crise brasileira está intimamente ligada, em suas causas, reflexos e efeitos, à crise mundial. Idem, idem, a revolução operária e camponesa que se processa em suas entranhas. Ora, a burguesia mundial pretende resolver a crise à custa das massas laboriosas, esmagando em primeiro lugar o proletariado revolucionário (por meio do fascismo), e em seguida (ainda por meio do fascismo), criando um sistema de exploração reforçada do trabalho e de opressão exaustiva das massas. Este é o seu vasto plano, dirigido pelas grandes potências imperialistas. A burguesia brasileira, para salvar-se a si mesma e ajudar a salvação mundial dos patrões imperialistas, agiu de acordo com este plano geral, na preparação e execução do golpe de outubro e, a seguir, na implantação e consolidação da ditadura outubrista. Os fatos provam e comprovam estas afirmações.

III – Manobras imperialistas

O Brasil ainda não é um país independente, 112 anos depois do grito do Ipiranga. A sua economia, a sua finança, a sua política dependem dos banqueiros de Londres, de Nova York, de Paris. O país deve a banqueiros estrangeiros mais de 16 milhões de contos, que exigem cada ano, a título de juros e amortizações, mais de 1 milhão de contos. De onde tirar toda esta dinheirama? Até hoje ela tem saído das costas dos trabalhadores.

Dinheiro representa riqueza e riqueza provém exclusivamente do trabalho, isto é, dos trabalhadores. Assim, os milhões de operários e camponeses do Brasil (nacionais ou não, pouco importa) trabalham de sol a sol, nos campos, nas florestas, nas minas, nas fábricas para encher o bandulho de algumas dezenas de magnatas da City e da Wall Street, e de algumas centenas de seus agentes e instrumentos brasileiros. São as massas trabalhadoras que pagam anualmente aquele milhão e tanto de contos de réis. Os fazendeiros e capitalistas brasileiros tiram proveito dos empréstimos, empalmam boas comissões e depois arrecadam as enormes quantias necessárias ao pagamento dos juros e amortizações. E ainda por cima pregam nacionalismo, falam em "honra nacional" e outras belezas que tais. Somos, na realidade, sem patriotada nem retórica oficial, um país semicolonial, sugado, espoliado e oprimido pelos imperialistas estrangeiros. País escravizado, país de escravos.

Sabemos que cada potência imperialista, porque isso é da própria natureza do regime capitalista, vive em luta aberta ou disfarçada contra as outras potências rivais. Por toda parte do mundo vemos os Estados Unidos contra a Inglaterra, a Inglaterra contra o Japão, o Japão contra os Estados Unidos, a França contra a Inglaterra, a Itália contra a França. Estas potências já repartiram entre si o mundo colonial e semicolonial. A grande guerra foi a última operação em larga escala de repartição das colônias — repartição precária e provisória, conforme os fatos destes últimos quinze anos têm demonstrado. A voracidade imperialista exige novas repartições — o que só é possível pela força das armas. Daí os preparativos intensos e sistemáticos para novas guerras — o que é feito comodamente por detrás do palco onde se reúnem e deblateram infindavelmente as conferências de desarmamento. O imperialismo japonês, mais desabusado (e sob mais forte pressão da crise interna), já mandou às urtigas a Liga das Nações e suas conferências, e engoliu de uma só garfada a Manchúria inteira... É coisa notória que a única indústria que escapa à crise universal no momento presente é a indústria de guerra — fabricação de armamentos, munições, gases e toda a sorte de engenhos de morte.

Nesta desenfreada e sinistra competição das grandes potências, o alvo fixado pela cobiça imperialista é constituído principalmente pelos países do tipo do Brasil ricos de matéria-prima, pobres de indústria própria, mercados consumidores importantes, governados por bandos burgueses e camarilhas feudais sempre prontos a patrioticamente vender o país a quem mais der. Diversos são os meios de que lançam mão os imperialistas para atingir os seus objetivos. A diplomacia, os empréstimos, a obtenção de concessões, a aplicação de capitais na economia local (notadamente nos ramos dominantes da economia: ferrovias, portos, energia elétrica, serviços públicos, minas, etc.), os tratados de comércio, a corrupção mais ou menos mascarada de altas personalidades, etc. Inclusive a preparação e o desencadeamento de "revoluções". A história da América Latina é fertilíssima em matéria de revoluções desta natureza. Pesquisas futuras provarão um dia que a "revolução" de outubro de 1930 no Brasil não escapou às manobras imperialistas. Os indícios são desde já veementes.

O Brasil, durante mais de um século, foi dominado principalmente pela finança britânica. Com a formidável expansão do imperialismo norte-americano, sobretudo após a grande guerra, o Brasil entrou nos seus planos de absorção — contra o imperialismo inglês. A crise americana de 1929 provocou neste sentido um movimento extremamente agressivo, exigindo a mais rápida execução do plano traçado. A crise brasileira coincidente facilitou a tarefa. Larga agitação ideológica pró-Estados Unidos já vinha sendo mantida e desenvolvida desde muito, insidiosamente, pela imprensa[2], pelo livro, pela cátedra, pelo rádio, pelo cinema. A Aliança Liberal foi originariamente alicerçada com a argamassa "democrática" de inspiração americana. O golpe de outubro foi o resultado lógico das manobras concertadas nos escritórios da Wall Street.

---

[2] Faz pouco noticiaram os jornais, a propósito da escandalosa penhora judiciária de bens da S. Paulo-Rio Grande, que a maioria das ações do "popular" vespertino *A Noite*, pertencente ao mesmo grupo que tem o controle daquela ferrovia, se encontrava depositada em... Nova York. Não vi desmentido a essa notícia. Mas que prova isto?

Evidentemente, às manobras americanas replicaram as contramanobras inglesas. Não se explica de outra forma a própria composição inicial do governo provisório, cuja pasta das finanças — precisamente! — foi primeiro parar às mãos de um representante notório dos banqueiros londrinos. Nem de outra forma é possível explicar as vacilações, as marchas e contramarchas do outubrismo, sobretudo em matéria financeira. Toda esta gente se agita aqui por conta dos reis da libra e do dólar. Todos estes honrados patriotas não passam de meros fantoches, conscientes ou inconscientes, cujos cordéis se acham em Nova York e em Londres[3]. E

---

[3] Lembrarei, como ilustração típica do que aí fica dito — e pode parecer pesado demais, —, o caso das relações da firma Murray, Simonsen & Co. com o Instituto de Café de S. Paulo, de tão escandalosa repercussão. Eis como concluía o Relatório da comissão nomeada pelo governo paulista da época para examinar o caso:
"Na sua marcha avassaladora, a organização capitalista do mundo cura, antes de tudo, penetrar no organismo das nações, a fim de aniquilá-lo. Começa, portanto, pela escravização dos governos.
Essa escravização se opera através dos 'favores', dos empréstimos, pois o primeiro passo para tornar um governo escravo é torná-lo devedor.
Quando essa potestade internacional pretende reduzir um povo às condições de cativos, o que ela faz naturalmente não é mandar exércitos: manda banqueiros.
São os banqueiros os generais da nova conquista. Eles surgem, com amabilidade, com interesse hipócrita pelo progresso do país visado insuflando a vaidade dos governos incautos, explorando as situações políticas. Na hora em que os partidos de oposição fazem demagogia nos parlamentos ou na imprensa para demonstrar que o país, nas mãos do partido que se encontra no Poder, já não goza de crédito, eis que surgem os banqueiros. Os governantes não trepidam em realizar as operações mais onerosas, a fim de demonstrar que o país goza de sólido crédito, e logo as gazetas da City e de Wall Street lançam notas sisudas que são transcritas no país em vias de escravização, com palavrórios de jornalistas mercenários.
Assim, penetram os banqueiros na vida de uma nação. Então, as suas manobras se multiplicam, através de seus agentes. Estes, geralmente, são homens tidos e havidos como entendidos em matéria financeira, e muitos deles acabam, depois de rasgados artigos laudatórios dos jornais técnicos, por ocupar postos da administração pública. Homens cuja competência foi criada pelos próprios banqueiros interessados em guindá-los ao Poder, ao assumir a gerência dos negócios públicos não passam de bonecos nas mãos do capitalismo internacional.
Assim, prossegue a marcha da escravidão de um povo. Os empréstimos se multiplicam; as emissões espinhosas se reproduzem; as operações e negócios estabelecem a trama

é ainda em virtude destas manobras de um e outro imperialismos que assistimos às mudanças de atitude política de tais ou quais indivíduos, de tais ou quais grupos partidários. Eles se movem debaixo da pressão, não só dos interesses internos, mas também dos interesses externos, isto é, das manobras imperialistas. É claro que as coisas não se passam de um modo simplista: aqui o domínio total do imperialismo inglês, ali o domínio total do imperialismo americano; ontem o imperialismo inglês a fazer e a desfazer, hoje o imperialismo americano a mandar e a desmandar. Trata-se, na realidade, de uma rede complicada de múltiplos interesses, cujos fios visíveis e invisíveis se estendem e se combinam, por mil formas variadíssimas, desde Londres e Nova York (e também, embora menos importantes no caso brasileiro, desde Paris, Roma, Tóquio, Berlim...).

O que é fato é que a política brasileira está sujeita à influência das manobras imperialistas. Negá-lo, por orgulho nacionalista ou por ingê-

> com que se manieta a nacionalidade. E um país que chegou a esse ponto não tem mais do que deixar-se sugar pelo tremendo polvo que lhe lançou as antenas. Pois a confusão se estabelece em todos os quadrantes da vida nacional. Os partidos políticos, em cuja proa aparece a catadura dos amigos dos banqueiros, assumem atitudes as mais variadas, para iludir o povo, ora com o regionalismo separatista, ora com o acenar novas e maiores liberdades, ora a defender obscuros princípios revolucionários. O povo aplaude e acompanha esses políticos, e estes estendem sobre os banqueiros internacionais a clâmide pura de suas intenções patrióticas, sagrando-os amigos da pátria.
>
> Eis por que compete à Revolução Brasileira assumir uma atitude absolutamente nova em face dessa grave situação em que nos encontramos, depois de cem anos de gradativa infiltração no país do capitalismo internacional organizado.
>
> O exame de todas as transações, efetuadas pelos nossos governos, o alarma nacional contra a avassaladora influência de grupos financeiros que aqui exploram e se dissimulam em mil faces, muitas verdadeiramente simpáticas, mas todas expressivas da mesma inexorável política subterrânea, a atitude franca, leal e decisiva contra qualquer tentativa, por parte de políticos, de partidos ou de homens públicos, no sentido de acobertar os latrocínios que matam toda a vitalidade nacional, tudo isso são deveres que se impõem à nova geração brasileira." — (Publicado no *Jornal do Estado*, órgão oficial, a 17 de junho de 1983).

O terrível documento que assim concluía provocou tremenda tempestade... que depois foi amainando, amainando, amainando... Aquele governo caiu: a comissão foi destituída e substituída; outras novidades foram colocadas no cartaz; e, tempos depois, a nova comissão e o novo governo desmentiram tudo... Naturalmente!

nua presunção, não adianta nada. Não impedirá as complicações resultantes dessa influência. Não impedirá a deflagração de novos golpes e contragolpes. Não impedirá que novo "rolo nacional estilizado"[4] venha a declarar-se em alguma parte do território nacional, na hora que melhor convier à América do Norte ou à Inglaterra, repetindo o 3 de outubro ou o 9 de julho.

IV – A Constituinte e a Constituição

A Aliança Liberal apresentara-se ao país com um programa solene, que serviu de base à propaganda e à agitação do movimento. Desencadeado e vitorioso o golpe de outubro, tal programa ficou letra morta, e em lugar dele começou a confusa proliferação de dezenas de outros programas, formulados por outros tantos partidos, legiões, clubes, ligas, frentes únicas, etc., que surgiram dos escombros da Aliança Liberal e se multiplicaram em meio de cisões e fusões sem fim. As rivalidades de grupos dominaram então o cenário. E quanto mais os dias se distanciavam da farra cívica de 24 de outubro, mais e mais se iam acentuando os dissídios que dividiam e subdividiam os elementos que se haviam coligado para derrubar a República Velha. Cada vez mais profunda se mostrava a divergência no concernente à questão da própria finalidade política do governo provisório. Para uns, a missão do poder discricionário devia limitar-se meramente a convocar as eleições para a Constituinte; para outros, o governo provisório devia realizar discricionariamente grandes reformas políticas e sociais, para depois então convocar uma Constituinte a seu modo, que homologasse a obra feita. Esta divergência de "princípio" cristalizou-se pouco a pouco, tornando-se por fim a linha divisória aparente que marcava o processo de desagregação e reagrupamento das forças políticas que haviam encabeçado o movimento de outubro. Por sua vez, antigos

---

[4] Frase atribuída ao então tenente-coronel Góis Monteiro pelo sr. Virgilinho Melo Franco, em seu livro *Outubro* (Rio de Janeiro, Schmidt, 1931).

elementos depostos em 1930, sofriam o mesmo processo, integrando-se no reagrupamento geral. E foi em tal terreno que a briga se desenvolveu entre constitucionalistas e tenentistas, durante longos meses, até que deflagrou em luta armada no movimento paulista de 1932, passando a briga para o terreno da guerra civil. Os constitucionalistas acabaram vencidos militarmente; porém a briga prosseguiu, transportando-se para o terreno eleitoral, com as eleições gerais de 3 de maio. Prosseguiu depois disso, agora no terreno parlamentar, com o funcionamento da Constituinte, deblaterando meses a fio sob a sonolenta vigilância dos granadeiros do general P. Góis. Prosseguirá amanhã, sem dúvida alguma, depois de votada a nova Constituição e instalado o novo governo constitucional.

Não haja a menor dúvida a este respeito. A batalha prosseguirá inevitavelmente, ora neste, ora naquele terreno. Batalha política, batalha econômica, batalha social. Mas por que, meu Deus? perguntarão as pessoas timoratas e assustadiças. Pela razão fundamental de continuarem a existir as divergências e os conflitos de interesses entre as diversas camadas da sociedade, conflitos e divergências que, por sua vez, são a resultante de contradições insolúveis próprias do regime capitalista. As lutas políticas não são, como podem parecer a observadores superficiais, meros fenômenos subjetivos, determinados pelas ambições de tais ou quais chefes, ou pela agitação organizada por tais ou quais partidos, mas sim a repercussão no alto de fenômenos objetivos que se processam nas profundezas das classes sociais, cujos interesses os partidos refletem e representam. São estes interesses, divergentes, contraditórios, antagônicos, que determinam invariavelmente as diversidades de programas, os embates de opinião, enfim, as lutas políticas, cujo escopo é sempre a posse do poder, por meios pacíficos ou não. As alianças, os acordos, os pactos de frente única, quando não visam consolidar as próprias posições para recomeçar depois a luta, não são outra coisa que simples trégua diante de algum perigo comum imediato. Daí, o processo complexo — e dialético — de agrupamento, desagregação e reagrupamento de forças políticas representativas das classes e das camadas sociais cujos interesses colidem uns com os outros.

A nova Constituição, que pretende exprimir a "média" da opinião nacional, segundo a fórmula tão do agrado de alguns chefes do outubrismo, representa em verdade um compromisso entre os grupos tenentistas e constitucionalistas. Constituição de equilíbrio, portanto, e por isso mesmo de precária estabilidade[5]. Neste sentido pode dizer-se que ela reflete com admirável precisão, não a pretensa "média" de uma opinião nacional escamoteada a 3 de maio, mas sim as contradições de interesses que dividem as classes dominantes do país, contradições estas que constituem o lastro real da desagregação e do reagrupamento de forças a que me referi acima. A "revolução" de outubro, com o ter sido um golpe reacionário pró-fascista, o que me parece indiscutível, continha também nas suas origens históricas certos fatores de uma revolução (sem aspas) do tipo democrático-burguês, ou seja, a revolução agrária e anti-imperialista. O governo deposto em 1930 refletia na política justamente a preponderância dos elementos feudais e semifeudais dominantes na estrutura econômica do país, e daí a lógica histórica de sua queda. Podemos aqui acrescentar que deste ponto de vista o movimento de outubro faliu completamente, pois que não realizou nenhuma das tarefas históricas exigidas pela situação brasileira objetivamente encarada. Não realizou — nem podia realizar, e isto porque a direção do movimento quedou em mãos da burguesia, quando só o proletariado como classe dirigente poderia a esta altura da história realizá-las e levá-las a cabo consequentemente. Não devemos esquecer que vivemos numa época de crise geral do capitalismo, de guerras e revoluções, e que, nestas condições concretas, num país como o Brasil, a revolução democrático-burguesa tende inevitavelmente a transformar-se em revolução proletária. É claro, assim sendo, que a burguesia não iria começar uma revolução para deixá-la escapar-se e voltar-se em seguida contra ela própria burguesia. Não há exemplos de suicídio de uma classe

---

[5] O sr. Levi Carneiro, eminente legislador do outubrismo e não menos eminente constituinte, confessou que o sistema expresso pela nova Constituição está "predestinado a ser rompido em um golpe de Estado". (Entrevista a *O Jornal*, 8 maio 1934)

inteira. É por isso que o golpe de outubro não chegou a ser uma revolução (sem aspas), embora aparecesse com semelhante máscara, mostrando-se logo de início uma verdadeira contrarrevolução com acentuadas tendências pró-fascismo. E aí temos a explicação de seu compromisso com os elementos feudais e semifeudais, agora expresso na Constituição da 2ª República. Evidentemente, tal compromisso não faz desaparecer, nem mesmo atenua as contradições e os antagonismos existentes. Ele significa apenas uma trégua diante do perigo comum mais ameaçador: a revolução operária e camponesa, contra a qual o outubrismo vem realizando a fascização sistemática do poder, terreno este em que o acordo é unânime entre os dois grupos. Fora deste terreno, a luta entre ambos prosseguirá, tomando as mais variadas formas de expressão. Constitucionalistas e tenentistas, nacionalistas e regionalistas, federalistas e unitaristas, sulistas e nortistas, etc., são expressões diversas de um mesmo fenômeno básico.

Porém, ademais das lutas intestinas no seio das classes dominantes, e muito mais profundas e mais graves que elas, há que contar com as lutas das classes exploradas e oprimidas contra os seus opressores e exploradores de um lado e de outro. A "revolução" de outubro não trouxe para as massas trabalhadoras senão maior miséria e maior opressão. A revolta das massas tem sido, é e será o resultado lógico iniludível de semelhante situação. As inúmeras greves, algumas de vastas proporções, que por todo o país rebentaram durante o período posterior ao golpe de outubro falam bem claro a este respeito. É de notar que muitas dessas greves foram sustentadas por certas categorias de trabalhadores até então mergulhadas em completa inércia, sendo despertadas para a luta exatamente pelas condições criadas em consequência do movimento outubrista.

Segundo os propagandistas do fascismo, a luta de classe desaparece com a implantação do Estado totalitário, onde o partido único, representando os interesses "gerais" e "supremos" da nação, governa por sobre as classes e categorias sociais, acima dos antagonismos e dos choques de grupos. Histórias! Precisamente, o fascismo "totalitário" representa sempre o interesse do grupo mais reacionário da burguesia, o do capital financeiro e monopolista. É assim na Itália e na Alemanha, para citar ao mesmo tempo o mais velho e o mais novo exemplo de dominação fascista aberta. Não só o fascismo não acaba com a luta de classe, como ainda torna esta luta muito mais aguda, imprimindo aos conflitos sociais um caráter cada vez mais agressivo e feroz. A implantação do fascismo já denuncia por si mesma uma extrema tensão na correlação das forças sociais, e a sua dominação, ao invés de amortecer essa tensão, mais e mais a agrava, produzindo o que Marx denominava uma "simplificação dos antagonismos de classe". Simplificação que neste caso quer dizer polarização da luta de classe, traduzindo-se politicamente e socialmente pela polarização das forças da revolução e da contrarrevolução. Pequena amostra de tudo isto nós aí a temos no poder discricionário que nos deu a 2ª República, com os seus pendores fascistas acentuados dia a dia. Acabou ele com os antagonismos sociais? com a luta de classe? com as greves? Estamos vendo... Sem dúvida, há muita gente que não vê. Mas é porque não quer ver — ou então porque a censura não deixa. A censura existe justamente para impedir que determinadas coisas sejam vistas por toda a gente...

Iludem-se a si mesmos, portanto, ou querem iludir aos outros todos aqueles que falam em Constituição acima das classes, harmonizadora de todos os interesses, água fria na fervura das agitações, panaceia milagrosa para todos os males. E é tolice rematada sonhar com uma filarmônica no lugar do novo governo constitucional.

Para as massas operárias e camponesas, a nova Constituição e o novo governo, como a velha Constituição e o velho governo, serão sempre a Constituição e o governo dos seus exploradores e opressores. Porque nem aquela nem este resolverão nenhum dos grandes problemas fundamentais que interessam às classes pobres. Não darão a terra aos que a cultivam e nela trabalham com os próprios braços. Não darão nem pão nem trabalho aos operários. Não darão liberdade às organizações revolucionárias do proletariado e das massas camponesas. Não combaterão os imperialistas nem os seus agentes nacionais. Pelo contrário, o que ambos visam é unicamente reforçar o poder dos fazendeiros e capitalistas, portanto reforçar o sistema de exploração e opressão em que vivemos. Para as massas operárias e camponesas, a Constituinte da 2ª República foi uma assembleia de luta de classe contra os explorados e oprimidos. A Constituição por ela votada não podia deixar de ser o que é — uma Constituição de luta de classe contra os trabalhadores. O "novo" governo constitucional, homologado por tal Constituinte, não pode deixar de ser o que já é — o herdeiro direto e universal do outubrismo fascista. Mais isto se modifica e mais continua a ser a mesma coisa[6].

V – Para onde vamos?

Depois desta sumária caracterização da situação brasileira durante o período posterior ao golpe de outubro, devemos tirar daí algumas conclusões. É preciso responder à seguinte pergunta: para onde vamos? ou melhor: para onde devemos ir? Radek disse uma vez que é muito mais fácil fazer profecias para daqui a cem anos do que para daqui a cem meses. É verdade. Não me seria difícil profetizar que dentro de um século estaremos, no Brasil e no resto do mundo, em pleno regime comunista. Mas não sei onde estaremos dentro de três, de seis ou de dez anos. Por quanto tempo ainda estaremos sob o jugo do regime capitalista? Ninguém poderá sabê-lo. O que sabemos de certo, isto sim, é que só depois de prolongada luta, de anos inteiros de batalhas e refregas, poderão as massas oprimidas libertar-se para sempre de toda opressão econômica, política, social.

Nada poderão as massas laboriosas esperar do sistema capitalista, mascare-se este seja como for, nem dos partidos feudais e burgueses, pequeno-burgueses ou sedicentes "operários" e "socialistas", todos sem exceção ao serviço dos fazendeiros e capitalistas. Ademais de refletirem as

---

[6] Isto foi escrito em maio, dois meses antes de votada a nova Constituição, e está sendo revisto em fins de setembro, dois meses depois de estabelecido o novo governo constitucional. Se eu encomendasse a este governo para me fornecer provas, que viessem confirmar as previsões acima, certamente ele não faria melhor do que o vem fazendo, em tão pouco tempo...

contradições internas próprias do regime, as diferenças de programas, de tática e de finalidade de todos estes partidos quando existem tais diferenças consistem unicamente na maneira pela qual pensam poder oprimir as massas em benefício do capitalismo. Só o Partido Comunista, que é o partido de classe do proletariado revolucionário, pode guiar as massas na luta, nas grandes e nas pequenas batalhas. Porque o Partido Comunista é o único partido verdadeiramente anticapitalista.

Os velhos partidos republicanos e democráticos já mostraram suficientemente o que são em quarenta anos de República. São os partidos que encaravam a questão social — no pensamento e na prática — como simples questão de polícia. Bem que eles fazem agora esforços desesperados para adaptar-se à nova situação, metendo nos respectivos programas uns minguados parágrafos relativos à legislação social, sendo que alguns até mudaram a própria tabuleta, como é o caso do velho partido nilista, ora chamado "popular radical". Na Constituinte, eles manobraram no sentido de fazer voltar a Constituição de 91, com "as alterações indicadas — assim o dizem — pelos imperativos da hora presente" (isto é, visando na realidade à fascização do poder). Mas são partidos definitivamente julgados pela história — pela história do sofrimento das massas. Estas nada poderão esperar deles a não ser a continuação, no presente e no futuro, da mesma política de opressão exercida no passado.

Os novos partidos que a "revolução" de outubro fez brotar das entranhas da Aliança Liberal e são numerosíssimos: social-democrático, republicano liberal, progressista, social-nacionalista, republicano social, socialista, autonomista, etc. etc. etc. — nada igualmente poderão fazer para libertar as massas laboriosas. Estão no poder há mais de três anos e o resultado é o que se vê: maior miséria e maior opressão para os trabalhadores. Porque, sob a dissimulação de tão variados rótulos, todos eles são dirigidos pela feudal-burguesia, tendo em mira unicamente consolidar o "novo" regime feudal-burguês. São partidos de tendência fascista mais ou menos disfarçada com palavras "esquerdistas", e pretendem reforçar o poder do Estado à custa das liberdades democráticas mais elementares. Alguns desses novos partidos — aqueles onde o tenentismo predomina — dão-se mesmo ares de inimigos do capitalismo e do imperialismo, afirmando superiormente serem ao mesmo tempo contra Moscou, contra Roma e contra Nova York. Histórias para papalvos. Olhem o entusiasmo com que eles se referem à "nova era" de Roosevelt. Reparem nas ternuras com que falam de Mussolini e de Hitler. Contra Moscou é que todos eles estão sempre. São partidos que se diferenciam dos antigos republicanos e democráticos apenas porque usam uma fraseologia mais demagógica, mas em nada são menos reacionários conforme demonstram na prática. Nem menos carcomidos — conforme ficou bem patenteado por ocasião das eleições de 3 de maio, quando fizeram o conchavo (sim senhor, conchavo tal e qual se fazia na 1ª República) da União Cívica Nacional, onde com os tenentistas mais "vermelhos" entraram de cambulhada os elementos mais desmoralizados da velha politicalha, os grupos mais retrógrados da situação deposta, os católicos ultramontanos, etc.

Em derredor dos partidos outubristas oficiais ou oficiosos gravitam como satélites certos minúsculos agrupamentos e organizações cuja atividade se desenvolve principalmente no seio do proletariado, inculcando-se pretensas qualidades de partidos operários. É o caso do Partido Nacional do Trabalho, do Partido Proletário, da Convenção Proletária Carioca, da Vanguarda Proletária e outros. Estes "partidos operários", justamente com as organizações sindicais controladas pelo Ministério do Trabalho, são os veículos de que se serve o fascismo outubrista para lançar a confusão no seio das massas, dividi-las, subdividi-las, e assim melhor dominá-las — contra a influência do Partido Comunista, único partido da classe operária independente, o único que luta efetivamente pelos interesses das mais largas massas laboriosas. Há ainda dois outros grupos do mesmo gênero contrarrevolucionário mascarado de "operário": o Partido Trabalhista e o Partido Democrático Socialista[7]. São ambos anteriores à "revolução" de outubro, mas continuam hoje a exercer o mesmo papel de outrora, isto é, o papel de

---

[7] O Partido Democrático Socialista fez fusão recentemente com diversos grupos "esquerdistas" do outubrismo, passando a denominar-se Partido Socialista Brasileiro.

agências da burguesia nos meios operários. Neste rol deve igualmente incluir-se o grupelho trotskista, que a si próprio se intitula "bolchevista-leninista"... e cuja atividade essencial consiste sobretudo em combater o Partido Comunista, aliando-se para este fim aos piores elementos reformistas e anarcossindicalistas. Em suma, todos estes "partidos operários" realizam no Brasil a mesma tarefa contrarrevolucionária dos partidos social-fascistas do mundo inteiro. São eles, por sua política de traição e de tapeação, que desarmam as massas diante do fascismo, preparando assim o advento da ditadura fascista aberta, isto é, a ditadura do capital financeiro mais reacionário.

Temos também os partidos fascistas declarados, como é a Ação Nacional Integralista. São nacionalistas intransigentíssimos; patriotas furiosíssimos; impertérritos paladinos da santíssima senhora brasilidade. Sem embargo de tudo isso, eles imitam cento por cento, copiam servilmente, seguem passo a passo o modelo italiano — de resto já internacionalizado — na ideologia, na organização, na indumentária. E ainda, como o modelo italiano, se colocam ao inteiro serviço do capitalismo — o nacional e o internacional. O que é a sua mesma razão de ser. Não é possível levar a sério a mixórdia demagógica que estes partidos apresentam como programa, e só desprezo pode inspirar-nos o cabotinismo de seus chefes, em geral puros aventureiros da velha e da nova politicagem[8]. Porém, isto

---

[8] Não é coisa do outro mundo enxergar, por trás dos chefes visíveis do integralismo — indivíduos insignificantes, figuras de quarta ordem no cenário nacional —, alguns altos personagens do outubrismo. Muito instrutivo, a este respeito, é o seguinte flagrante colhido pela reportagem da *A Noite* no gabinete do ministro da Guerra:
"Oficiais que entram e que saem apressadamente. Trazem telegramas e papéis. Consultam o chefe, dão explicações. Recebem ordens. — Mais visitantes entram. À frente o sr. Plínio Salgado, seguido do sr. Gustavo Barroso. São os chefes da Ação Integralista. Recebe-os, com a mesma afabilidade, o ministro da Guerra, que se senta rodeado por eles. Os chefes integralistas falam por sua vez. Expõem os frutos da sua intensa propaganda através dos estados. O sr. Plínio Salgado, na sua perene serenidade, fala com entusiasmo. O general Góis Monteiro interroga e escuta com a maior atenção. Fala depois. Parece aplaudir e elogiar o que lhe dizem. Sobre a mesa aparecem umas amostras de cáqui, de cor verde-azulada. O ministro examina-as e opta por uma. Será a cor das novas camisas dos integralistas. — Despedidas afetuosas e lá se vão os srs. Plínio Salgado e Gustavo Barroso". (*A Noite*, 28 mar. 1934.)

é que menos importa. Ao examinarmos o papel político de tais grupos, não devemos limitar-nos a só verificar o que eles são hoje, mas também prever o papel que poderão ser chamados a representar amanhã. Tanto o fascismo italiano como o nacional-socialismo alemão eram de início meros grupos de aventureiros e desclassificados — e acabaram subindo ao poder. Não é aqui o lugar para uma análise detalhada da significação do fascismo, sua origem, seu desenvolvimento e seu papel histórico. A sua definição porém está feita e pode ser assim resumida: o fascismo é uma ditadura terrorista exercida pelos elementos mais reacionários do capital financeiro contra o proletariado revolucionário. Esta é a realidade fundamental, nua de qualquer enfeite. Ora, na situação brasileira presente, de crise interna a agravar-se cada vez mais em conexão com a crise mundial, os partidos fascistas declarados representam uma reserva que a burguesia vai desde já preparando para o caso de necessidade futura. A sua propaganda vai-se fazendo com relativa intensidade, sob o olhar complacente e estimulante do outubrismo[9]. As suas tropas de assalto começam a fazer os seus treinos no lombo dos trabalhadores. Isto é o que se passa hoje. Amanhã, avizinhando-se a crise do ponto agudo e culminante em que a revolução operária e camponesa é posta na ordem do dia, o capitalismo, percebendo que o fascismo disfarçado em outubrismo, ainda em contemporizações perigosas com certas velhas formas "liberais" de governo, já não pode aguentar o tempo, chamará os fascistas declarados e fá-los-á tomar conta do poder. Ora, a lição da Itália, da Polônia, da Bulgária, da Alemanha, etc. mostra-nos o que significa a ditadura fascista aberta: é o paroxismo do terror branco desencadeado contra o proletariado e particularmente contra a sua vanguarda revolucionária e comunista: e ainda mais, como escopo essencial: é a organização sistemática de um regime

---

[9] O "esquerdismo" outubrista, puramente verbal, desempenha o papel de batedor do regime fascista declarado, cujo caminho ele vai abrindo para o poder, com a sua política de adormecimento demagógico das massas. Não é por acaso que certos chefes mais desabusados do outubrismo, como o general Góis Monteiro, proclamam abertamente o seu entusiasmo pelo fascismo.

intensivo de exploração e opressão das massas. Porque — e aqui está o nó da questão — é neste reforçamento extremo da exploração e opressão das massas que o capitalismo repousa as suas últimas esperanças de solução da crise que o vem minando inexoravelmente... Outra coisa não podem as massas laboriosas do Brasil esperar da eventual dominação de uma ditadura fascista aberta entre nós, futuramente, que não seja a cruel repetição no Brasil do banditismo contrarrevolucionário tentando afogar em sangue a revolução operária e camponesa, e assim tentando salvar o capitalismo a pique de soçobrar.

Na situação brasileira atual — mais ou menos idêntica à situação de todos os países dominados pelo capitalismo — só há um caminho de salvação para as massas operárias e camponesas. É o caminho indicado pelo Partido Comunista[10]: o caminho da luta revolucionária de massas sob a direção do proletariado e sua vanguarda organizada em partido independente, para a instauração do governo operário e camponês. Caminho longo, áspero, difícil, mas o único que poderá salvar as massas laboriosas da miséria feudal-burguesa e da escravização fascista. Todos os outros caminhos vão ter a Roma, isto é, ao fascismo. Este é o único caminho que vai ter a Moscou, isto é, ao socialismo.

O único caminho que vai ter a Moscou. Não tenhamos medo de palavras. Os melindrosos do nacionalismo integral pequeno-burguês tremem de horror diante desta só expressão: Moscou. Bobagem, faniquito, quando não é safadeza oculta. O caminho de Moscou não é o caminho de subordinação a Moscou, mas o caminho de libertação do jugo capitalista e imperialista, porque só Moscou luta na realidade contra o capitalismo e o imperialismo. É uma questão de fato, já provado por dezesseis anos de existência vitoriosa da União Soviética e comprovado pelos mesmos dezesseis

---

[10] Quando falo aqui em Partido Comunista quero naturalmente referir-me ao Partido do Brasil, seção brasileira da Internacional Comunista, e não a qualquer outro partido ou governo (como o trotskista) que pretenda aparecer com essa ou semelhante denominação.

anos de luta mundial do capitalismo imperialista contra Moscou[11]. O caminho de Moscou é o caminho que leva à democracia proletária, regime de efetiva participação das mais largas massas laboriosas na vida econômica, política, social e cultural do país. É o caminho da socialização dos meios de produção e da economia dirigida coletivamente segundo um plano estabelecido em benefício das massas laboriosas[12]. É o caminho que conduz à edificação do socialismo, primeira etapa para a sociedade comunista. É o único caminho pelo qual poderão as massas oprimidas sair da crise e liquidar o regime capitalista fautor de crises.

Procuremos ver as coisas o mais concretamente possível, tocando diretamente o fundo da questão, sem rodeios nem meias palavras. Qual é a situação real das largas massas operárias e camponesas do Brasil? Como

---

[11] Já prevejo neste ponto a objeção fácil de certos imbecis que nada compreendem: o "acordo" recente entre a URSS e os Estados Unidos. Mas este acordo diplomático e comercial entre os dois governos — igual a outros muitos que a URSS tem concluído com países capitalistas desde 1922 — não significa, de forma alguma, a supressão da luta entre o imperialismo e o comunismo. Muito pelo contrário. Que visa com ele o governo americano? Visa reforçar as suas posições, incluindo a intensificação do intercâmbio comercial com a URSS no seu plano de reerguimento da economia nacional capitalista. E que visa o governo soviético? Visa igualmente reforçar as suas posições, incluindo a intensificação do intercâmbio comercial com os Estados Unidos no seu plano econômico de edificação do socialismo. Há portanto aqui, do mesmo passo, ao mesmo tempo, identidade e disparidade de objetivos entre os dois governos. Há identidade porque ambos visam reforçar as próprias posições. Há disparidade porque as posições de um são contrárias, opostas, antagônicas às posições de outro. Ora, o acordo se fez no termo da identidade e nos limites desta identidade. Transposto este limite, começa a disparidade, e portanto continua a luta. Assim deve ser encarada a questão. E quem não compreende isto não compreende nada do desenvolvimento dialético dos fatos que se desenrolam neste velho mundo.

[12] É preciso distinguir entre a economia dirigida segundo o Plano Quinquenal soviético e a "economia dirigida" à moda de Mussolini, Hitler ou Roosevelt. A demagogia fascista e fascistizante pretende identificar uma e outra, confundindo e baralhando as coisas de caso pensado. É preciso distinguir. Na URSS, país governado pela classe operária, a economia planificada é dirigida no interesse das largas massas operárias e camponesas, ao passo que nos países governados pela classe burguesa — e tal é o caso da Itália, da Alemanha, dos Estados Unidos — os planos de "economia dirigida" visam exclusivamente reforçar a exploração das massas em benefício dos magnatas do grande capital.

vivem os operários das cidades e os trabalhadores dos campos, que somam dezenas de milhões de homens, mulheres e crianças, maioria esmagadora da população brasileira? Vivem na miséria, passam fome, cobrem-se de andrajos, moram em favelas e mocambos, apodrecem roídos por mil doenças, vegetam e degradam-se no sofrimento de todos os dias. E vivem assim porque são explorados pelos capitalistas e fazendeiros nacionais e superexplorados pelos capitalistas e imperialistas estrangeiros. Quais podem ser, em tais condições, as aspirações mais profundas destas massas assim desprezadas? Algumas palavras que exprimem coisas concretas e elementares resumem as suas aspirações: pão, terra, liberdade. Ora, para sair de tal situação e realizar estas aspirações, não há outro jeito que não seja aquele posto em prática pelos operários e camponeses russos, os quais se encontravam em situação semelhante e alimentavam idênticas aspirações antes da revolução de 1917: é seguir o Partido Comunista e lutar abertamente contra os exploradores nacionais e estrangeiros; derrubar revolucionariamente o poder destes exploradores e instituir no seu lugar o governo operário e camponês baseado nos conselhos de operários, camponeses, soldados e marinheiros; nacionalizar os bancos, as grandes empresas industriais, os meios de transporte e comunicação, as minas, os serviços públicos; anular pura e simplesmente as dívidas externas; confiscar sem indenização as terras e fazendas dos grandes proprietários e reparti-las pelos que trabalham nelas com os próprios braços. *Pão, terra, liberdade.*

E é isto o que o fascismo não dará, não poderá dar jamais. Porque o fascismo significa, precisamente, não a solução da crise, mas a sua agravação; não a libertação das massas, mas a sua maior escravização; não a independência do país, mas a sua redobrada sujeição ao capitalismo financeiro internacional, ao imperialismo.

Novembro de 1933 — maio de 1934.

Astrojildo Pereira em São Vicente, São Paulo, em 1933. Foto tirada por M. Magalhães. Arquivo ASMOB/IAP/CEDEM.

POSFÁCIO IMPORTANTE

Este livro é como Portugal e os jumentos: é pequeno, mas tem uma história grande... Ele foi escrito em épocas diversas e lugares diversíssimos, de 1929 a 1934, em Moscou, em S. Paulo, em Porto Alegre, no interior do E. do Rio, no Rio.

Oferecido a um editor, este mandou que os "leitores" da casa opinassem acerca do calhamaço. Isto levou mais de dois meses, ao cabo dos quais o editor me disse que editaria o livro mediante o pagamento, de minha parte, de 1:500$000; depois repartiríamos os... lucros. Bati à porta de segundo editor, o qual, depois de ler os originais, me disse francamente (eu gostei, apesar de tudo) que não queria provocar complicações policiais. Com isso, mais quatro meses se haviam passado. Eu já estava disposto a desistir das glórias de autor... Mas alguns amigos insistiram. Fui ao terceiro editor. Bem. Editaria o coitado, se eu o esquartejasse (ao livro, bem entendido) e de um fizesse três. Recusei. Quarto editor: feito o negócio, pronto, rápido. Já meio desconfiado, pedi ao homem que me garantisse a coisa. Ele me deu palavra de honra. Apenas eu teria que esperar a vez, como no barbeiro. Acreditei na palavra de honra e esperei.

Um mês. Dois meses. Quase três meses: enfim, a linotipo começou a reduzir a chumbo toda a papelada. A trabalheira da revisão de provas... De repente, já com dois terços de originais compostos, um enguiço. Explicações, patati, patatá, que eu tivesse um pouco de paciência. Ora, eu sempre tive não pouca, mas muita paciência. Foi assim, com muita paciência, que assisti ao desfile das semanas, uma atrás da outra... A cada aparição minha, constrangimento, encabulação, novas explicações de mais em mais gaguejadas e titubeantes. Eu acabei com pena do pobre homem que não podia cumprir a palavra empenhada, e deixei-o em paz. Porém a essa altura tomei a coisa a capricho e resolvi fazer terminar a composição por minha própria conta. E voltei então ao terceiro editor e propus-lhe o seguinte: eu entraria com a composição e ele com o resto. Quanto ao esquartejamento primitivamente lembrado, eu o aceitaria em parte: retiraria todo um longo capítulo de matéria independente para um voluminho separado. Afinal, tudo assentado, redigi um curto prefácio, e deu-se início à paginação. Estávamos no mês de novembro de 1934... Pelos cálculos feitos, o infeliz nasceria com o raiar do novo ano de 1935...

Mas surgiram acontecimentos que não entravam nos cálculos feitos; acontecimentos que seria pau esmiuçar. O caso é que eles fizeram o malfadado empacar na rama da impressão... Ora pois! abandonei-o à própria sorte de coisa encruada e inviável. Não havia jeito algum a dar, e eu considerei malogrado o meu inocente propósito de aumentar a bibliografia nacional.

Depois disso, quase um ano inteiro transcorreu. A tipografia, complacente e talvez habituada a semelhantes malogros, fez-me o favor (?) de não derreter o chumbo da composição já paginada. Por outro lado, alguns amigos, não sei se mais curiosos do que irônicos, me perguntavam a cada passo:

— Então? quando sai o seu livro?

Resolvi agora pôr ponto-final nesta melancólica história das atribulações de um autor meio fracassado. Vou publicar o livro mesmo fora de tempo. Fora de tempo, evidentemente, pela própria natureza política dos assuntos nele debatidos, cujos materiais e dados informativos envelheceram depressa na vertigem dos sucessos contemporâneos.

Justifico a tiragem: edição *hors commerce*, limitada a 180 exemplares, devidamente numerados e rubricados. O grande público não tomará conhecimento do livro, nem perderá muito com isso; em compensação, eu me consolarei com a perspectiva de vir a ser algum dia o autor de uma raridade bibliográfica.

Rio, novembro de 1935.
A. P.

SOBRE O AUTOR

Astrojildo Pereira Duarte Silva nasceu em Rio Bonito, no estado do Rio de Janeiro, no dia 8 de outubro de 1890. Filho de uma família de comerciantes e políticos locais, fez seus primeiros estudos no tradicional Colégio Anchieta, em Nova Friburgo, e no Colégio Abílio, em Niterói. Cultivou desde a juventude interesse pela literatura e especialmente por Machado de Assis (1839-1908). Em 1908, sabendo da gravidade do estado de saúde do Bruxo do Cosme Velho, o visitou em seu leito de morte. O encontro foi imortalizado pelo texto de Euclides da Cunha (1866-1909) "A última visita". No mesmo ano, Astrojildo abandonou a educação formal e assumiu-se ateu, antimilitarista, republicano e democrata radical. Participou, em 1910, da campanha civilista do presidenciável Rui Barbosa, enquanto trabalhava como tipógrafo na capital da República.

Desiludiu-se rapidamente com o projeto liberal radical e em 1911 fez uma viagem à Europa ocidental, onde travou contato com os ideais anarquistas. Retornou ao Rio de Janeiro convencido de que deveria se engajar nas lutas operárias. Nos anos seguintes, esteve plenamente vinculado ao movimento anarquista, escrevendo para jornais como *A Voz do Trabalhador, Guerra Social, Spártacus, Germinal* e *O Cosmopolita*. Contribuiu também para a construção do II Congresso Operário Brasileiro, realizado em 1913, e da Central Operária Brasileira (COB). A partir de 1917, tomou parte nas greves gerais que agitaram diversas capitais brasileiras. Escreveu em 1918 um panfleto para defender a Revolução Russa intitulado "A Revolução Russa e a imprensa", utilizando o pseudônimo Alex Pavel[1].

Entre 1919 e 1921, afastou-se do anarquismo e aproximou-se dos ideais comunistas, fascinado com a Revolução Russa. Estava plenamente convencido de que deveria criar um partido comunista no Brasil. Organizou e viabilizou a realização do congresso de fundação do Partido Comunista do Brasil (PCB) em março de 1922. Após a desistência de um companheiro de legenda, assumiu a posição de secretário-geral. Ao longo dos anos 1920, foi uma das principais lideranças do partido, juntamente com Octávio Brandão, Paulo de Lacerda e outros. Fez repetidas viagens à União das Repúblicas Socialistas Soviéticas (URSS) naquela década. Em 1927, foi para a Bolívia encontrar-se com Luiz Carlos Prestes (1898-1990), buscando trazer o tenente para o partido. Começou a ter sua liderança questionada em 1929, sendo expulso do partido no ano seguinte.

Casou-se com Inês Dias no princípio dos anos 1930, ao mesmo tempo que se engajava na luta contra o Integralismo. Publicou o seu primeiro livro, *URSS Itália Brasil*, no fim de 1935. Nessa obra, reuniu uma série de textos, lançados originalmente na imprensa entre 1929 e 1934, em que divulgara e defendera as ideias comunistas. Na segunda metade da década, permaneceu afastado da política. Sobreviveu como vendedor de bananas e concentrou-se nos seus estudos literários sobre Machado de Assis, Lima Barreto (1881-1922) e outros autores. Essas investigações resultaram em seu segundo livro, *Interpretações*, editado em 1944.

Prestigiado como crítico literário após a publicação de *Interpretações*, participou do I Congresso Brasileiro de Escritores em janeiro de 1945 como representante do Rio de Janeiro. O evento exigiu a retomada das liberdades democráticas no país, ao questionar a ditadura do Estado Novo (1937-1945). Com a legalização do Partido Comunista em maio de 1945,

---

[1] Publicado como apêndice no livro *Formação do PCB* da presente coleção (São Paulo/Brasília, Boitempo/Fundação Astrojildo Pereira, 2022).

Astrojildo solicitou o seu retorno à legenda. Foi aceito com a imposição de uma humilhante autocrítica pública. Retomou suas atividades políticas a partir desse ano. Em 1946, esteve presente na III Conferência Nacional do PCB, sendo indicado como membro suplente do Comitê Central. Candidatou-se sem sucesso a vereador pela capital carioca em 1947. Coordenou a revista *Literatura* entre 1946 e 1948 e escreveu regularmente para jornais comunistas como *A Classe Operária* e *Voz Operária*.

Na década de 1950, não ocupou nenhum cargo no Comitê Central, nem mesmo na suplência. Atuou no setor cultural, colaborando na imprensa. Coordenou de 1958 a 1964 a revista *Estudos Sociais*, publicação que ajudou a formar importantes intelectuais, como Carlos Nelson Coutinho (1943-2012) e Leandro Konder (1936-2014). Em 1959, lançou o seu terceiro livro, *Machado de Assis*, reunindo seus principais escritos sobre o fundador da Academia Brasileira de Letras (ABL).

Em 1962, publicou *Formação do PCB*. Escrita para as comemorações dos quarenta anos da fundação do partido, a obra reconstitui historicamente o processo de criação da legenda. No ano seguinte, lançou seu último livro, *Crítica impura*, com textos de crítica literária. Foi preso em outubro de 1964, cerca de seis meses após o golpe militar. Permaneceu encarcerado até janeiro de 1965, período em que sua saúde debilitou-se profundamente. Faleceu em 10 de novembro de 1965, aos 75 anos.

COLEÇÃO ASTROJILDO PEREIRA

Conselho editorial
Fernando Garcia de Faria, Ivana Jinkings,
Luccas Eduardo Maldonado e Martin Cezar Feijó

URSS Itália Brasil
Prefácio: Marly Vianna
Orelha: Dainis Karepovs

Interpretações
Prefácio: Flávio Aguiar
Orelha: Pedro Meira Monteiro
Anexos: Nelson Werneck Sodré e
Florestan Fernandes

Machado de Assis
Prefácio: José Paulo Netto
Orelha: Luccas Eduardo Maldonado
Anexos: Euclides da Cunha, Rui Facó,
Astrojildo Pereira e Otto Maria Carpeaux

Formação do PCB
Prefácio: José Antonio Segatto
Orelha: Fernando Garcia
Anexos: Alex Pavel (Astrojildo Pereira)

Crítica Impura
Prefácio: Joselia Aguiar
Orelha: Paulo Roberto Pires
Anexos: Leandro Konder

OUTRAS PUBLICAÇÕES DA BOITEMPO

Justiça interrompida
NANCY FRASER
Tradução de Ana Claudia Lopes e Nathalie Bressiani
Orelha de Flávia Biroli

Lacan e a democracia
CHRISTIAN DUNKER
Orelha de Vladimir Safatle
Quarta capa de Maria Lívia Tourinho Moretto e Nelson da Silva Jr.

Um dia esta noite acaba
ROBERTO ELISABETSKY
Orelha de Irineu Franco Perpétuo
Quarta capa de Odilon Wagner

A questão comunista
DOMENICO LOSURDO
Organização e introdução Giorgio Grimaldi
Tradução de Rita Coitinho
Orelha de Marcos Aurélio da Silva

ARSENAL LÊNIN

Conselho editorial Antonio Carlos Mazzeo, Antonio Rago,
Augusto Buonicore, Ivana Jinkings, Marcos Del Roio,
Marly Vianna, Milton Pinheiro e Slavoj Žižek

Imperialismo, estágio superior do capitalismo
VLADÍMIR ILITCH LÊNIN
Tradução de Edições Avante! e Paula Vaz de Almeida
Prefácio de Marcelo Pereira Fernandes
Orelha de Edmilson Costa
Quarta capa de György Lukács, István Mészáros
e João Quartim de Moraes

BIBLIOTECA LUKÁCS

Coordenação de José Paulo Netto e Ronaldo Vielmi Fortes

Goethe e seu tempo
GYÖRGY LUKÁCS
Tradução de Nélio Schneider com a colaboração de Ronaldo Vielmi Fortes
Revisão da tradução de José Paulo Netto e Ronaldo Vielmi Fortes
Orelha de Ronaldo Vielmi Fortes
Quarta capa de Miguel Vedda

ESCRITOS GRAMSCIANOS
Conselho editorial: Alvaro Bianchi, Daniela Mussi, Gianni Fresu,
Guido Liguori, Marcos del Roio e Virgínia Fontes

Homens ou máquinas?
escritos de 1916 a 1920
ANTONIO GRAMSCI
Seleção e apresenttação de **Gianni Fresu**
Tradução de **Carlos Nelson Coutinho e Rita Coitinho**
Orelha de **Marcos del Roio**

ESTADO DE SÍTIO
Coordenação de Paulo Arantes

Abundância e liberdade
PIERRE CHARBONNIER
Tradução e orelha de **Fabio Mascaro Querido**

MARX-ENGELS

Esboço para uma crítica da economia política
FRIEDRICH ENGELS
Organização e apresentação de **José Paulo Netto**
Tradução de **Nélio Schneider**
Orelha de **Felipe Cotrim**

MUNDO DO TRABALHO
Coordenação de Ricardo Antunes
Conselho editorial: Graça Druck, Luci Praun, Marco Aurélio Santana,
Murillo van der Laan, Ricardo Festi, Ruy Braga

Sub-humanos: o capitalismo e a metamorfose da escravidão
TIAGO MUNIZ CAVALCANTI
Prefácio de **Boaventura de Sousa Santos**
Orelha de **Ricardo Antunes**
Quarta capa de **Mario Sergio Cortella**

CLÁSSICOS BOITEMPO

O dinheiro
ÉMILE ZOLA
Tradução de **Nair Fonseca e João Alexandre Peschanski**
Orelha de **Mario Sergio Conti**

LITERATURA

Como poeira ao vento
LEONARDO PADURA
Tradução de **Monica Stahel**
Orelha de **Sylvia Colombo**

BOITATÁ

O disco-pizza
MARIA RITA KEHL E LAERTE COUTINHO

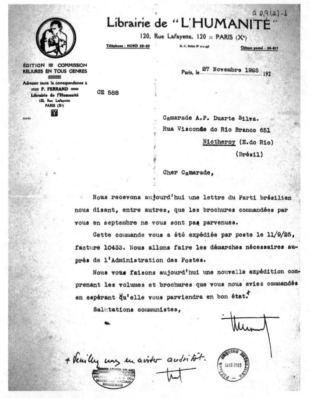

Correspondência recebida da livraria L'Humanité, do Partido Comunista Francês, em novembro de 1925.

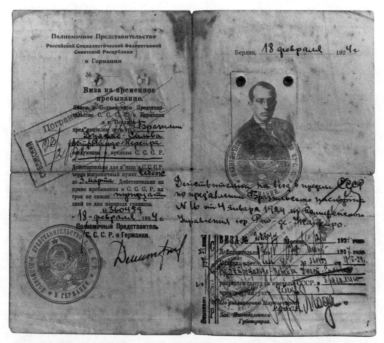

Autorização para Astrojildo participar do 5º Congresso da Internacional Comunista, que o elegeu para o Comitê Executivo, em 1924. Arquivo ASMOB/IAP/CEDEM.

Capa da primeira edição de
URSS Itália Brasil lançada em 1935.

Publicado em março de 2022, cem anos após a fundação do Partido Comunista do Brasil (PCB), este livro foi composto em Adobe Garamond Pro, corpo 11/15,4, e impresso pela gráfica Rettec, para a Boitempo e para a Fundação Astrojildo Pereira, com tiragem de 2.500 exemplares.